Ramon Lull

BUCH VOM HEIDEN UND DEN DREI WEISEN

Ramon Lull

BUCH VOM HEIDEN UND DEN DREI WEISEN

Mit Beiträgen von

Raimundo Panikkar
Anthony Bonner
Charles Lohr
Hermann Herder

Herder

Freiburg · Basel · Wien

Die Übersetzung des Textauszuges von Ramon Lull, Libre del gentil e dels tres savis (1273–1275), aus dem Katalanischen basiert auf der Ausgabe: Ramon Llull, Obres essencials, Band 1, Barcelona 1957, S. 1057–1137. Sie stammt von Xosé M. und Elisabeth Schaible. Die Übersetzung des „Prologs" (S. 34–38) und des „Gebets" (S. 66 f.) stammt von Erika Lorenz; sie ist gegenüber dem Original stellenweise leicht gekürzt und wurde entnommen aus dem Herder-Büchereiband: Ramon Llull, Die Kunst, sich in Gott zu verlieben. Ausgewählt, übertragen und erläutert von Erika Lorenz.

Im katalanischen Sprachraum wird heute die Schreibweise Ramon *Llull* verwendet. Die in dieser Publikation durchgehend gebrauchte Form *Lull* ist die von ihm selbst verwendete und im Mittelalter übliche Schreibweise des Namens.

Die Übersetzung des Originalbeitrags von Raimundo Panikkar aus dem Katalanischen besorgten Xosé M. und Elisabeth Schaible unter Mitwirkung von Jordi Nadal. Den Originalbeitrag von Anthony Bonner übersetzte Ulrich Ruh aus dem Spanischen.

Abbildung Seite 6:
Ramon Lull diskutiert mit islamischen Gelehrten in Tunesien 1292. (Ausschnitt)

Mit freundlicher Genehmigung
der Badischen Landesbibliothek Karlsruhe aus dem Codex St. Peter
perg 92, ca. 1325.

Umschlaggestaltung unter Verwendung einer Federstrichzeichnung von Rembrandt van Rijn (1606–1669), „Vier unter einem Baum sitzende Weise", die sich im British Museum, London, befindet.

Der große niederländische Maler hat Beziehungen gehabt zu jüdischen Auswanderern aus Spanien. Biblische, jüdische und orientalische Themen sind für sein Schaffen kennzeichnend. Die Figurengruppe hat teil an einer gemeinsamen überpersönlichen Existenz, die jedoch das Wesenhafte der einzelnen Gestalt nicht ausschließt.

‚por mano de angeles devia ser escripta‘

Ausruf des Sultans von Fez 1394
nach der Lektüre von Lulls Werk

Ramon Lull diskutiert mit islamischen Gelehrten

INHALT

I

I

RELIGIÖSE EINTRACHT ALS ZIEL

Einführung von Raimundo Panikkar

„Sag, Narr,
warum entschuldigst du die Schuldigen?
Er antwortete:
„Damit ich denen nicht gleich bin,
die Schuldige und Unschuldige anklagen."

Buch vom Liebenden und Geliebten, 182
(vgl. Mt 13,29)

Mehr als sieben Jahrhunderte hat sich der Strom der Geschichte durch die Zeit gewunden, seit der „Erleuchtete Doktor" sein arabisches Werk *Vom Heiden* für das Katalanische neu bearbeitete: jenes Juwel, das seither viel zu lange Zeit unter dem wilden Geröll tosender philosophischer und religiöser Sturzbäche verborgen lag. Ich wünsche und hoffe, daß es diesem Büchlein beschieden sein möge, auf positive Weise zu der so sehr herbeigewünschten und doch gleichzeitig so wenig gepflegten Eintracht unter den Menschen beizutragen.

Es ist im Abendland und innerhalb der abrahamitischen Traditionen schon sehr außergewöhnlich, daß ein Land, Spanien, mehrere Jahrhunderte lang von den drei genannten monotheistischen Religionen gewissermaßen als eigene Heimat betrachtet wurde. Seit dem babylonischen Exil bis hin in unsere Gegenwart haben die Juden ihr Dasein als Diaspora und fern der Heimat empfunden; im antiken und mittelalterlichen Spanien hingegen fühlten sie sich – trotz zeitweiliger antisemitischer Epidemien – sehr wohl und in keiner Weise als Fremde oder Außenseiter. Allerdings nur solange, bis im Schicksalsjahr 1492 bei ihrer Vertreibung aus Spanien die Frömmsten unter ihnen das unerhörte Ärgernis für ihren Glauben erleben und ertragen mußten: daß die Wasser der Straße von Gibraltar nicht vor ihnen zurückwichen wie einst das Rote Meer. Es muß dies

10

ein ebenso harter Schlag für sie gewesen sein wie ihre Erfahrung in der jüngsten Vergangenheit, als sie sahen, daß Jahwe die Konzentrationslager der Nazis duldete.

Was die Moslems betrifft, so sei hier nur auf die (auch zeitgenössischen!) Belege verwiesen, die zeigen, daß sie „Al-Andalus" als ihre Heimat betrachteten und noch immer betrachten. Die Sehnsucht nach Spanien ist für die islamische Welt weitaus mehr als nur ein literarisches Faktum. Und schließlich ist es fast überflüssig, noch die Christen zu erwähnen, die sich, seit „Santiago" gekommen war, auf der gesamten Iberischen Halbinsel als auf christlichem Boden befindlich betrachtet haben. Die Tatsache, daß sie wie gute Brüder Streit, Meinungsverschiedenheiten und Kämpfe gegeneinander austrugen, ist nur eine Bestätigung des eben Gesagten. Doch so sehr sie sich bekriegten, so sehr liebten sie sich auch. Ramon Lull ist zugleich Held und Opfer dieses Zeitgeistes; er befindet sich mitten in ihm, und doch gewinnt er eine kritische Distanz ihm gegenüber.

In Spanien, diesem Land, das Christen, Juden und Moslems eigen ist, spielt sich der Dialog des *Buches vom Heiden und den drei Weisen* ab. Und ich möchte betonen, daß es im Werk des Seligen aus Mallorca nicht an politischen Anspielungen fehlt; sie beziehen sich ebenso auf die Vergangenheit wie sie sich auf die Gegenwart beziehen lassen. Zu häufig haben wir die Theorie von der Praxis abgekoppelt. Viel mehr als jedes andere menschliche Tun ist aber die Mystik zutiefst an die jeweiligen Zeitumstände gebunden. Das, was wir hier hervorheben möchten, ist Teil dieser Botschaft von einer Religiosität, die in der tiefsten menschlichen Sehnsucht ihren Ausdruck findet. Ramon Lull spricht nicht über weltenthobene Fragen, sondern über *das* Hauptproblem seiner Zeit: die Eintracht und die Harmonie zwischen den drei tragenden Kräften des Abendlandes. Wenn wir auf ihn gehört hätten, wäre der Lauf der Geschichte ein anderer gewesen. Doch vielleicht können wir auch heute noch etwas von ihm lernen ...

*

Die verblüffende Schönheit der Sprache dieses Schöpfers des Katalanischen, seine Kenntnis der drei Religionen sowie die starke und vielleicht esoterische Symbolkraft der „Schönen Jungfrau" „auf einem schönen Rosse" und der fünf Bäume mit den zweihundertsiebzehn Blüten können wir hier beiseite lassen. Gehen wir vielmehr auf die prophetischen und tiefgreifenden Erkenntnisse unseres Meisters ein, die viele wertvolle Lehren für unsere Gegenwart in sich bergen. Der Geist der großen Ökumene dieses Buchs von Ramon Lull ist geradezu ergreifend. Betrachten wir im folgenden einige seiner wesentlichen Aspekte.

Sprechen wir *zunächst* von dem, was das Buch andeutet, ohne es ausdrücklich zu nennen, sei es, weil es nicht genannt werden darf (es wäre zu riskant für jemanden, der bereits als „geschmacklos", extravagant und sogar als verrückt angeprangert worden war), oder sei es, weil es als selbstverständlich zu betrachten ist. In der Tat bemerken wir, wenn wir zwischen den Zeilen lesen, Lulls Unvoreingenommenheit, sein diskretes Lob sowohl für den Heiden, den er als weise bezeichnet und als gut betrachtet, als auch für den Juden und den Sarazenen. Sie haben vielleicht nicht die Wahrheit auf ihrer Seite, doch Lull zweifelt keinen Augenblick an ihrem guten Willen. Der mallorkinische Philosoph erinnert immer wieder daran, daß das eine ohne das andere gar nicht möglich ist. Eines seiner Grundargumente besteht gerade in der wechselseitigen Beziehung des Seins zwischen „Güte und Größe", „Weisheit und Liebe", „Liebe und Vollkommenheit" usw. Es handelt sich also nicht um einen Kampf zwischen Feinden, sondern um eine Unterhaltung zwischen Freunden; es soll nicht der Gegner geschlagen werden, sondern es ist der Gefährte zu überzeugen. Jeder grüßt „in seiner Sprache und entsprechend seinem Brauch". Das ist mehr als Toleranz. Ramons Aussage geht darauf hinaus, daß alle Religionen gut sind, da sie ja gute und weise Menschen hervorbringen. Vergessen wir nicht: Wir befinden uns im letzten Viertel des 13. Jahrhunderts, nach zwei Jahrhunderten der Kreuzzüge! Und Lull wagt es, niemanden zu verurteilen! Noch mehr: Er wagt es sogar, niemanden gewinnen zu lassen! Der Heide bekehrt sich zwar zu Gott, doch welcher der drei großen Religionen er anzugehören gedenkt, läßt er noch in der Schwebe. Der Verfasser des *Blanquerna,* jenes Romans, in dem der Papst auf sein Pontifikat verzichtet, hätte es nicht deutlicher sagen können. Wichtig ist, daß man – liebend – aus sich selbst herausgeht und sich zu Gott wendet in einer Liebe, die Teilhabe am Mysterium der göttlichen Liebe ist.

Zweitens zeigt uns das Buch, sowohl zu Beginn als auch gegen Ende, daß die Zwietracht unter den Menschen ein Hauptübel darstellt: Dieses Übel muß an seiner Wurzel bekämpft werden. Dies zu tun ist die vordringlichste Aufgabe der Religion. Der „Narr" im *Buch vom Liebenden und Geliebten* leidet sehr tief unter der Zwietracht der Menschen. Dieser Mangel an Brüderlichkeit ist ein religiöses Verbrechen und nicht nur ein politisches Faktum. Ramon weiß nur zu gut, daß die Eintracht unter den Menschen zu lange das Stiefkind der offiziellen Religionen gewesen ist, wenn sie nicht sogar selbst Religionskriege und -kämpfe angezettelt haben. Dies nämlich ist der große Skandal der institutionalisierten Religion! Und eben darunter leidet das Herz Ramons, der im Alter von dreißig Jahren sein Hab und Gut verkauft, mit dessen Erlös Frau und Kinder versorgt und als Pilger, wie seinerzeit Buddha, loszieht, um vor allem anderen predigen zu können, daß die Liebe geliebt werden solle. Die „Traurigkeit und die Qualen" des Heiden sind der Widerhall derer von Ramon: „Trostlos und unter Tränen stand Ramon unter einem schönen Baum und besang seine Trostlosigkeit, um so seinem Schmerz etwas Linderung zu verschaffen": so beginnt eines der wichtigsten und originellsten Werke des Lullschen Schaffens (Carreras i Artau): sein umfangreicher *Baum der Wissenschaft.*

Wir müssen die religiöse Eintracht unter den Menschen suchen. Der Weg dazu dürfen jedoch nicht Kreuzzüge und Inquisitionen sein, sondern gegenseitige Achtung, gemeinsame Suche und vor allem der Dialog. Lull übermittelt uns die Überzeugung, daß wir einer Macht unterstellt sind, die uns allen überlegen ist. Im Text wird sie nicht vom monotheistischen Gott, sondern von der Dame ‚Intelligenz' dargestellt: die Macht, die Natur der Wirklichkeit mit der Annäherung des *intus-legere* zu ergründen, einer Macht, die von vielen Theologen und Interpreten Lulls falsch verstanden wurde, als ob es sich dabei um „beweisende und notwendige Gründe" innerhalb eines cartesianischen Rahmens handeln würde. Dies ist aber von den Bäumen, den Blüten und der Quelle der „schönen Wiese" des Lullschen Waldes sehr weit entfernt. Es ist ein klarer Fall von Anachronismus, wenn hier ein Mystiker des 13. Jahrhunderts anhand von Kategorien des 17. oder des 20. Jahrhunderts interpretiert wird.

Kurz gesagt, die religiöse Eintracht ist eine unmittelbar religiöse Angelegenheit und nicht nur eine politische oder militärische. Ihre Verwirklichung ist zentrale Pflicht der Religion.

Drittens: Die Spielregeln, die Lull uns für einen Dialog zwischen den Kulturen aufzeigt, könnten für unsere Gegenwart gar nicht geeigneter sein. Betrachten wir nun einige davon näher:

1. Die Diskussion darf nicht aus bloßer intellektueller Neugier geführt werden und noch viel weniger darf sie zum akademischen Wettbewerb ausarten. Sie muß vielmehr einem existentiellen Bestreben und der Erfahrung des menschlichen Elends entspringen, sie muß in Gang gebracht werden angesichts der verheerenden Folgen der Spaltung und infolge der Entdeckung des Verrats an der Geschichte und am Wesen der Religion selbst. Sie ist kein Luxus. Die vielen vergossenen Tränen, die Gebete, das mehrmalige Niederknien, von dem in unserem Text die Rede ist, sind gewiß nicht bloß als literarisches Beiwerk zu verstehen.

2. Der Dialog muß an einem neutralen Ort geführt werden, außerhalb der Stadt, in einer zweckmäßigen Umgebung und in einer angenehmen Atmosphäre: der Wald mit schönen Früchten, Wohlgerüchen, hübschen Farben – ein Platz, der zum Verweilen einlädt. Nicht nur das: Der Dialog darf nicht in einer Situation der Ungleichheit stattfinden, in der ein Teil allein im Besitz der finanziellen und politischen Macht ist und dadurch

die Situation beherrscht oder dem anderen seine Sprache aufzwingt. Die Annehmlichkeit des Orts ist ein Symbol für die historische Unvoreingenommenheit. Der Mensch ist auch ein geo-logisches, nicht nur ein von den geschichtlichen Umständen geprägtes Wesen.

Eintracht bedeutet nicht Sieg. Es ist kein religiöser Dialog möglich, wenn die einen auf gut behuften Pferden reiten und die anderen barfuß gehen. Der Sieg bringt nie den Frieden mit sich!

3. Die Unterhaltung hat nicht nur gewisse Umgangsformen zu respektieren, sondern sie muß auch von einem unparteiischen, jedoch nicht gleichgültigen Dritten geleitet werden. Der Heide, den es nach Wahrheit dürstet, ist der Schiedsrichter, und die Gesprächsteilnehmer unterbrechen sich nicht gegenseitig, sondern sie ergreifen das Wort in zeitlich genau festgelegter Reihenfolge, und sie entschuldigen sich jeweils vorher und nachher beieinander. Wie viele Dialoge zwischen Vertretern verschiedener Religionen sind denn in der Gegenwart mit einem aufrichtigen öffentlichen Eingeständnis der Verantwortung der jeweiligen Gläubigen und der Sünden der jeweiligen Konfessionen begonnen worden? Der Reueakt sollte der Anfang eines jeglichen inter-religiösen Dialogs sein. Dies gilt für jede menschliche Begegnung, selbst wenn es eine schweigende wäre.

4. Man sollte sich keiner sog. Autoritätsargumente – heute würden wir Gewaltargumente sagen – bedienen. Paradoxerweise sind gerade die Zitate aus der Heiligen Schrift für einen inter-religiösen Diskurs nicht geeignet. Keiner darf einfach die eigenen Prämissen als Grundlage voraussetzen, die seine Gesprächspartner als verbindlich anerkennen müssen. Weder ein „Gott mit uns" noch ein „in God we trust" sind (wenn damit nur eigene Interessen ideologisch verbrämt werden) wirkliche Voraussetzungen für einen inter-religiösen Dialog. Gerade im Namen Gottes sind vielleicht die größten Verbrechen auf Erden begangen worden. Mit anderen Worten: Der intra-religiöse Dialog setzt nicht einen bestimmten Glauben voraus. Voraussetzung für sein Gelingen ist lediglich der Glaube an den Begeg-

15

nungsakt selbst, der somit selber ein Akt von religiöser Qualität wird.

In Lulls Buch verhehlen die drei Weisen weder die eigenen Ansichten, noch sind sie sehr darum bemüht, ihre eigenen Meinungen zu beschönigen. Das Werk beginnt mit der Entlarvung der „falschen Ansichten und Irrtümer", und die drei Monotheisten geben unmißverständlich zu verstehen, daß sie glauben, daß sich die anderen auf dem falschen Wege befänden. Dennoch unterhalten sie sich miteinander und suchen die Eintracht. Jeder muß dem eigenen Gewissen treu bleiben. Der inter-religiöse Diskurs ist keine diplomatische Angelegenheit.

6. Die Diskussion ist kein abgeschlossener Dialog, sondern sie ist dem Urteil von jemandem unterworfen, der nicht einmal „Kenntnis von Gott" hat und auch nicht „an die Auferstehung" glaubt; und dies noch mit dem Risiko, daß dieser Fremde mit Enttäuschung die Nichtigkeit der Zielsetzung der etablierten Religionen entdeckt. Unser Heide, der geglaubt hatte, daß die religiösen Fachleute sich zumindest untereinander einig seien, muß feststellen, daß selbst der Gott, den sie zu verehren angeben, sie nicht vor einem gewissen Sektengeist bewahrt. Die Kühnheit einer derartigen Haltung ist selbst heutzutage noch sehr ungewöhnlich. Es sei noch einmal betont: Christen und Moslems, Katholiken und Marxisten oder wer auch immer, werden niemals einen fruchtbaren Dialog einleiten können, wenn sie sich darauf beschränken, miteinander zu diskutieren, das heißt, wenn sie ihren Horizont nicht erweitern und eine gemeinsame Aufgabe in Angriff nehmen, so wie es der Dialog der drei Weisen mit dem Heiden zeigt; das beträfe heute zum Beispiel das Problem des Friedens. Die Religionen sind nicht Selbstzweck, sondern Mittel zum Zweck. Der Dialog findet nicht um der Diskussion willen statt, sondern um Klarheit zu schaffen, wobei jeder seinen eigenen Reichtum an Erfahrung als seinen Beitrag einbringt; das ist ein Problem, das die Dialogpartner übersteigt.

7. Die Bemühungen um eine religiöse Verständigung sind wesensbedingt unvollendet, un-endlich; sie werden im Rahmen des Notwendigen immer weiter fortgesetzt werden, da sie eben

unsere Kontingenz aufzeigen. Vielleicht ist dies sogar der wichtigste Aspekt und der, der den größten Nutzen bringt. Das bedeutet nämlich, daß der Dialog ohne das Wissen um seine Resultate geführt wird und daß er sich über den Schiedsspruch des menschlichen Willens hinwegsetzt. Keiner kann im voraus wissen, welches Ergebnis die Begegnung haben wird; keiner weiß, für welche Partei sich der Heide entscheiden wird; und es scheint beinahe, als ob der mallorkinische Selige dies nachdrücklich und mit Humor und Ironie unterstreichen wollte. Keiner wird jemals die Pläne Gottes ergründen können. Die Einheit der Wahrheit, nach der das menschliche Herz trachtet, besteht nicht in der Einheitlichkeit der Meinungen, sondern vielleicht eher darin, daß sie sich entsprechen, ergänzen oder vielleicht sogar Gegensätzliches einschließen. Alles weist darauf hin, daß der Heide eine ursprüngliche Religiosität gefunden hat, die ihn in jenes Gebet ausbrechen läßt, das „die drei Weisen" mit Bewunderung erfüllt und dem sie alle drei zustimmen können, ohne deswegen an ihrem eigenen Bekenntnis Verrat zu üben. Dieses Gebet handelt von den drei göttlichen Tugenden, von den vier Kardinaltugenden und von den sieben Lastern und Tugenden in einer Weise, daß die „schlafenden Großen aufgeweckt werden" sollen, wie es gegen Ende des Buches ebenso eindeutig wie doppelsinnig heißt. Vergessen wir dabei nicht, daß wir uns in der Zeit von Bonifaz VIII. (1294–1303) befinden, der – im Unterschied zu Coelestin V., seinem Vorgänger (der einzige Papst, der auf das Pontifikat verzichtete) und später Clemens V. (1305–1314) – dem heruntergekommenen Adligen aus Mallorca nicht die allergeringste Aufmerksamkeit schenkte. Viele hielten Lull für einen Ketzer, wie uns die Geschichte berichtet. Nirgends in diesem Buch ist von Bekehrung zum Christentum die Rede. Es geht uns an dieser Stelle jedoch nicht darum, herauszufinden, aus welchen Gründen der unermüdliche Reisende, der Ramon war, in anderen Schriften weniger irenische Ansichten vertreten zu haben scheint.

*

17

Darf ich all die genannten Aspekte in einem einzigen zusammenfassen. Es geht hier meines Erachtens um den Übergang vom inter-religiösen zum intra-religiösen Dialog, von der Äußerlichkeit zur Innerlichkeit, von der Verurteilung der anderen zur Überprüfung des eigenen Gewissens, vom Problem der politischen Macht zu einer Frage, die den Bereich des Personalen betrifft, um den Übergang von der Dogmatik zur Mystik also, wenn man so will. Solange das religiöse Problem nicht als etwas gesehen und erlebt wird, das den Menschen zuinnerst und als Person angeht, solange die Religion nicht als eine Dimension des menschlichen Seins ergründet und entdeckt wird, als eine Wirklichkeit also, die jeden einzelnen von uns betrifft, selbst wenn wir allem Anschein nach nicht die Hauptpersonen sind, solange es keine Untröstlichkeit und kein Tränenvergießen gibt um das Schicksal des Menschen, des *Makroanthropos,* des *Purusha,* an dem wir alle Anteil haben, so lange werden wir auch nicht in der Lage sein, doktrinäre Streitigkeiten, politische Rivalitäten und persönliche Ambitionen von echtem religiösem Handeln zu unterscheiden, das die gemeinsame Suche nach dem eigentlichen Zweck des Menschseins und das gemeinsame Hinarbeiten auf die Erfüllung des Schicksals überhaupt des Universums ist – trotz aller Meinungsverschiedenheiten oder auch angespornt durch sie. Religion ist viel mehr als nur eine Institution. Sie ist eine für den Menschen wesenhafte Dimension.

Es mag sein, daß der selige Ramon Lull gar nicht gesteinigt wurde. Doch sein Durst danach, Zeugnis abzulegen (das Martyrium zu erdulden), war echt. Nur in diesem Geist kann von einer wirklichen Begegnung zwischen den Heiden und den Weisen der Welt gesprochen werden: wenn nämlich das Problem der anderen zum meinigen wird. Dies aber kann nur geschehen, wenn man liebt.

„Der Liebende sprach zum Geliebten: ‚Der du die Sonne mit Glanz erfüllst, erfülle mein Herz mit Liebe!‘ Der Geliebte antwortete: ‚Ohne die Liebeserfüllung stünden keine Tränen in deinen Augen und du wärst auch nicht an diesen Ort gekommen, um den zu sehen, der dich liebt.‘ " So heißt es im *Buch vom Liebenden und Geliebten* (Nr. 5) (*Blanquerna,* Kap. 100).

18

II

RAMON LULL
UND DER DIALOG ZWISCHEN
DEN RELIGIONEN

von Charles Lohr

Ramon Lull wurde 1232 in Mallorca geboren, einige Jahre, nachdem Jacobus el Conquistador die Insel, die zu allen wichtigen Städten des Mittelmeerraumes Handelsverbindungen unterhielt, von den Sarazenen zurückerobert hatte. Er starb 1316 auf einem Schiff, das ihn in die Heimat zurückbrachte, nachdem er der Überlieferung zufolge in Nordafrika fast zu Tode gesteinigt worden war. Das Leben dieses vir phantasticus, wie er sich selbst nannte, der wahrscheinlich besser arabisch als lateinisch sprach, der – mit langem Bart und als Pilger gekleidet – Kardinäle und Päpste, Prinzen und Könige in Europa, Nordafrika und im Nahen Osten für seine Anliegen zu gewinnen suchte, war von einem Ziel beherrscht: Er wollte die verschiedenen Völker der Welt zur concordia, zur Einheit führen.

In Übereinstimmung mit dieser Zielsetzung entwickelte Lull – trotz der ruhelosen Bewegtheit seines Lebens – eine staunenswerte literarische Produktivität. Annähernd 280, zum Teil sehr umfangreiche Werke verfaßte er – nicht nur in Latein, sondern auch auf katalanisch und arabisch. Zeigen diese Werke eine lange und rasche Entwicklung, so blieb doch sein Ziel stets das gleiche. Er verstand es als seine Aufgabe, ein Buch zu schreiben, das die christlichen Dogmen der Dreifaltigkeit und der Inkarnation den Juden und Moslems verständlich machen sollte. Lull nannte sein Buch die *Ars inveniendi veritatem,* die Kunst der Wahrheitsfindung, und er hat diese ars immer für eine Offenbarung Gottes gehalten. Über einen Zeitraum von mehr als 30 Jahren hat er sie unermüdlich überarbeitet und revidiert.

Lull hat aber nicht nur Schriften zu seiner ars verfaßt, sondern auch über Philosophie und Theologie, Logik und Naturwissenschaft geschrieben. Als ‚Anwalt der Ungläubigen‘ hat er

Mahnschriften an Päpste gerichtet und in mehreren Werken ein Programm für den Kreuzzug entworfen. Diese Schriften wurden meist auf lateinisch verfaßt, aber durch seine Dichtkunst gehört er auch zu den Begründern der altkatalanischen Literatur. Die *Doctrina pueril* und der *Libre de orde de cavalleria* haben ausgesprochen pädagogisch-didaktische Ziele. Das Buch *Felix* oder *Libre de meravelles* bietet in erzählender Form eine Jugend-Enzyklopädie. Der Roman *Blanquerna* beschäftigt sich mit der Reform der Kirche. In seinem großen *Libre de contemplació en Déu* entwickelt er eine Methode des mystischen Aufstiegs von den Widerspiegelungen der göttlichen Vollkommenheiten in der Schöpfung zum unendlichen Schöpfer selbst.

Lull hatte die Vorstellung, einen Zugang zu Gott durch die Betrachtung seiner Namen finden zu können. Er bezeichnete die göttlichen Namen als Tugenden oder Prinzipien und nannte in der endgültigen Form der ars stets neun: der Gute, der Große, der Ewige, der Mächtige, der Weise, der Liebende, der Starke, der Wahrhaftige, der Glorreiche. Er war der Ansicht, daß eine Betrachtung der Namen Gottes, die allen Religionen gemeinsam sind, eine Übereinstimmung, eine concordia zwischen allen Völkern ermöglichen würde – zwischen Moslems und Juden, griechischen und lateinischen Christen. Sein Traum war es, durch die Bekehrung der Tataren, die erst seit kurzem in den Mittelmeerraum eingedrungen waren, die ganze Welt für das Christentum zu gewinnen.

In diesem Sinne verfaßte er vor allem Werke in Form des Gesprächs, Dialoge, in denen weise Männer, die die großen Weltreligionen – Judentum, Christentum und Islam – vertreten, ihre Glaubenssätze vortragen. Dabei stützen sie sich auf Kombinationen der göttlichen Namen: Der Gute, der der Große ist, ist zugleich der Ewige, der Ewige und Mächtige, der Ewige und Weise usw. Hierbei hat sich Lull einer islamischen Betrachtungsmethode für seine Ziele bedient, eine Methode, die versucht, durch die Widerspiegelungen der unendlichen göttlichen ‚Tugenden' in der Schöpfung zu Gott selbst aufzusteigen. Diese Methode hat Lull vor allem in sechs Schriften, die in die Form einer Disputation gekleidet sind, angewandt: (1) *Libre del gentil e dels tres savis,* den Lull auf Mallorca zwischen 1274 und 1276 zuerst auf arabisch und dann auf katalanisch niederschrieb, (2) *Liber de Sancto Spiritu* (1273/75 Mallorca), in dem zwei Gelehrte, ein Lateiner und ein Grieche, über ihre Glaubensartikel in der Anwesenheit eines Sarazeners diskutieren, (3) *Liber Tartari et Christiani* (1282/85, wahrscheinlich in Italien), in dem das Athanasianische Glaubensbekenntnis im Rahmen eines Gesprächs zwischen einem Christen, einem Juden und einem Sarazener erklärt wird und auf die Gefahr, daß die Tataren den islamischen Glauben annehmen, hingewiesen wird, (4) *Disputatio fidelis et infidelis* (1287/89 Paris), in der Lull – als ‚procurator infidelium' – die Glaubensartikel einem Nicht-Gläubigen auslegt, wobei die Verherrlichung Gottes durch die Inkarnation Christi als Ziel der Schöpfung dargestellt wird, (5) *Liber de quinque sapientibus* (1294 Neapel), einem Gespräch zwischen einem Lateiner, einem Griechen, einem Nestorianer, einem Jakobiter und einem Sarazenen, (6) *Disputatio Raimundi et Homeri Saraceni* (1308 Pisa), einem Streitgespräch zwischen Lull und einem islamischen Gelehrten, das ursprünglich auf arabisch verfaßt wurde und auf eine Diskussion im Gefängnis von Bugia in Nordafrika zurückgehen soll.

Charakteristisch für die Atmosphäre, in der diese Gespräche stattfinden, ist der im *Libre del gentil e dels tres savis* geschilderte Verlauf der Diskussion. Es treffen sich einmal drei miteinander bekannte Gelehrte – ein Christ, ein Jude und ein Mohammedaner – vor den Toren einer Stadt. Nachdem sie sich freundlich begrüßt haben, kommen sie überein, sich gemeinsam an einem ruhigen Ort über theologische Probleme zu unterhalten.

In einem Wald begegnet ihnen ein heidnischer Philosoph, den die Frage nach dem Leben nach dem Tod in Verzweiflung gebracht hat. Der Wald ist reich an Symbolen und Allegorien. Bei einer Quelle, die fünf Bäume bewässert, erscheint ihnen ein schönes Mädchen – Intelligenz genannt. Sie erklärt, daß die fünf Bäume in ihren verschiedenen Blumen die Eigenschaften und Tugenden Gottes und verschiedene Kombinationen der menschlichen Tugenden und Sünden verkörperten. Die Bäume bieten die Beweismittel für das Auffinden der religiösen Wahrheit und des damit verbundenen Trostes. Die Gelehrten vereinbaren, mit Hilfe der Bäume und ihrer Blumen zu diskutieren, bis sie das eine, wahre Gesetz Gottes, unter dem alle Völker der Welt vereinigt werden können, entdeckt haben.

Auf Grund der Diskussion im ersten Buch gelangt der heidnische Zuhörer zu der Überzeugung von der Wahrheit des Glaubens an die Existenz des einen Schöpfer-Gottes und die Auferstehung des Fleisches. Nachdem die drei Gelehrten sich auf diese Weise über das ihnen Gemeinsame verständigt haben, will jeder dann den Heiden von der Wahrheit seines eigenen Glaubens überzeugen. In den nächsten drei Büchern des Werkes versuchen zunächst der Jude, dann der Christ und schließlich der Mohammedaner die besonderen Artikel ihres Glaubens zu erklären und die Fragen des Heiden zu beantworten.

Der Dialog führt zu keinem konkreten Ergebnis. Der Heide verläßt die drei Gelehrten, ohne zu verraten, welches Gesetz er erwählt hat. Daraufhin macht der Christ den Vorschlag, bei einer anderen Gelegenheit die Diskussion solange fortzusetzen, bis sie zur Erkenntnis der Wahrheit in allen religiösen Fragen gekommen sind. Denn wenn die Einheit im Glauben erreicht würde und damit die religiösen Spannungen und Gegensätze verschwänden, würden die Menschen auch aufhören, sich um der Religion willen zu befehden und zu vernichten. Der Vorschlag wird von den Partnern angenommen. Man setzt die Zeit und den Ort für die neue Disputation fest. Die drei Gegner verabschieden sich dann aufs liebenswürdigste voneinander und keiner versäumt es, sich bei den beiden anderen wegen etwaiger verletzender Äußerungen zu entschuldigen.

Die vorliegende Übersetzung will eine Vorstellung davon geben, wie nach Lull der religiöse Dialog verlaufen soll. Daher überspringt sie das erste Buch, in dem die Gelehrten sich über das ihnen Gemeinsame verständigen, um durch Auszüge aus den Büchern II–IV des *Libre del gentil e dels tres savis* zu zeigen, wie die Gelehrten den besonderen Inhalt ihres Glaubensgesetzes zu erklären versuchen. Der Jude erklärt den Glauben der Juden über den einen Gott und die Schöpfung der Welt, der Christ den Glauben der Christen über den einen Gott und die Dreifaltigkeit, der Sarazene den Glauben der Sarazenen über den einen Gott, den Schöpfer und über den Tod aller Dinge außer Gottes. Die Übersetzung schließt mit dem Ende des Buches über den Abschied, den die drei Weisen von dem Heiden und voneinander nahmen.

Die Weisen wenden alle die gleiche Methode an. Sie suchen in Kombinationen der göttlichen Namen bzw. der göttlichen Eigenschaften Argumente für ihre Glaubensartikel. Da Lull die Wahrheit als etwas Organisches verstand, verglich er die göttlichen Namen mit den Ästen eines Baumes und die Argumente mit deren Blüten. Der erste Baum umfaßt sieben göttliche Attribute: Güte, Größe, Ewigkeit, Macht, Weisheit, Liebe und Vollkommenheit. Der zweite Baum kombiniert diese Attribute mit den sieben Tugenden, der dritte mit den sieben Todsünden. Derjenige, der am besten die Übereinstimmung der Artikel seines Glaubens mit den Blüten der Bäume zeigen kann, wird sein Glaubensgesetz für besser halten als das der anderen. Der Jude will zum Beispiel zeigen, daß die Welt von Gott erschaffen ist. Er pflückt eine Blüte der Attribute (Macht und Größe) des ersten Baumes und argumentiert so: Die Welt ist entweder von Gott erschaffen oder sie ist ewig. Wenn ewig, wäre die Macht Gottes nicht die größte mögliche Macht, die man denken kann. Denn eine größere Macht ist es, aus dem Nichts die Welt zu erschaffen als wenn sie ewig wäre. So verfahren auch die anderen zwei Gelehrten. Das, wodurch die Attribute Gottes in größtmöglichem Maße mit einander in Einklang stehen, geht mit der Wahrheit einher. Wie Anselm von Canterbury in seinem berühmten ontologischen Gottesbeweis, will Lull die Glaubensartikel nicht positiv beweisen sondern – sozusagen negativ – dadurch, daß er die Unmöglichkeit des kontradiktorischen Gegensatzes zeigt.

Lull setzte sich unermüdlich für die Verbreitung seiner Ideen und seiner Methode ein. Abschriften seiner apologetischen Werke hat er nicht nur im lateinischen Europa, sondern auch in den islamischen Ländern Nordafrikas in Umlauf gebracht. Wir wissen von einer Disputation, die 1394 in der Stadt Fez in Marokko gehalten wurde, in der der Sultan von einem Buch Gebrauch macht, das ‚auf arabisch in der Hand Ramon Lulls von Mallorca' geschrieben wurde. Der Sultan war beeindruckt nicht nur von der tiefsinnigen Weise, in der die christliche Trinitätslehre und Christologie erklärt wurden, sondern auch von der Kalligraphie. Er bemerkte, daß das Buch ihm von der Hand eines Engels geschrieben zu sein schien.

Lull sorgte aber nicht nur für Abschriften und Sammlungen seiner Schriften. Er suchte auch in verschiedenen Städten Europas kleine Gruppen seiner Anhänger zusammenzubringen, die seine apologetische Methode verbreiten sollten. In Paris gewann er in Thomas Le Myésier einen Schüler, der kurz nach seinem Tod eine sehr umfangreiche Anthologie seiner Werke zusammenstellte. Das heute in der Pariser Nationalbibliothek erhaltene ‚Electorium' hat als Hauptstück und innerstes Zentrum den *Libre del gentil e dels tres savis*. Eine Kurzfassung dieser Anthologie überreichte Le Myésier der Königin von Frankreich, Jeanne de Bourgogne-Artois. Mit dieser Kurzfassung kam Lulls Apologetik nach Deutschland. Im 18. Jahrhundert wurde die Handschrift vom Kloster St. Peter im Schwarzwald erworben. Sie enthält eine Reihe wundervoller Miniaturen, die Lulls Leben und Wirken veranschaulichen. Mehrere der Miniaturen zeigen Lull in lebhaften Diskussionen mit islamischen Gelehrten in Nordafrika. Die Handschrift befindet sich heute in der Badischen Landesbibliothek Karlsruhe.

Im deutschen Sprachraum hatten aber Lulls Ideen schon sehr viel früher einen besonders fruchtbaren Boden gefunden. Der *Libre del gentil* hat den deutschen Kardinal Nikolaus von Kues zu seinem großen Werk *De pace fidei* angeregt und ihm dabei als Vorlage gedient. Lull und Cusanus haben das gleiche Ideal einer universalen Religion im christlichen Sinne vertreten, durch die allein religiöser Haß und Krieg aufhören, der Friede und die Einheit unter den Völkern bestehen können.

DER NEUE WEG RAMON LULLS

von Anthony Bonner

Seit den großen muslimischen Eroberungen des 7. Jahrhunderts machten sich drei Religionen in geographischer wie geistiger Hinsicht den Mittelmeerraum streitig, drei Religionen, die zuviel gemeinsam hatten, um sich gegenseitig tolerieren zu können. Alle drei sind monotheistische Offenbarungsreligionen, und sie stammen voneinander ab: die christliche von der jüdischen, die muslimische von den beiden anderen. Alle drei standen vor der Herausforderung, entweder mit zwei Strömungen des griechischen Denkens zu verschmelzen oder ihnen die Stirn zu bieten: zunächst dem Neuplatonismus und dann dem Aristotelismus. Wie nicht anders zu erwarten führte die Nähe und Ähnlichkeit der drei Religionen zu defensiven wie offensiven Reaktionen, die sich auf intellektuellem Gebiet in einer Blüte der apologetischen Literatur niederschlugen. Das erklärte Ziel dieser Literatur bestand darin, den Nachbarn bzw. den Feind, von seinen Irrtümern oder davon zu überzeugen, daß seine Seele sich in großer Gefahr befand. Nicht immer im gleichen Maß deutlich ausgesprochen wurde die Absicht, die Wahrheit der eigenen, ererbten oder bewußt gewählten Religion zu erweisen.

Auf diesem allgemeinen Hintergrund befand sich Ramon Lull in einer besonderen Situation, die seinen Standpunkt prägte, ihn das Problem aus erster Hand kennenlernen ließ und ihn zu teilweise recht eigenständigen Lösungsansätzen führte. Als er 1232 auf Mallorca geboren wurde, lag die Eroberung der Insel durch das Heer König Jakobs I. von Aragon und Katalonien erst knapp vier Jahre zurück. Es gibt Schätzungen, wonach sogar noch vierzig Jahre später, als Lull seine Missionsarbeit aufnahm, 30 bis 40 Prozent der Inselbevölkerung Muslime waren.

Gleichzeitig unterhielt die Insel ihre wichtigsten See- und Handelsverbindungen mit Nordafrika. Die Juden nahmen einen entscheidenden Platz im Geschäftsleben ein, auch wenn sie weniger zahlreich waren als die Muslime. Deshalb kann Lull zu Beginn des *Libre del gentil* mit gutem Gewissen feststellen, daß er ,lange Zeit mit den Ungläubigen' gelebt habe.

Dazu kommt ein zweiter wichtiger Punkt: Als Lull im Alter von dreißig Jahren (um 1265) seine Studien begann, stieß er auf zwei schon bestehende Zentren der Missionsarbeit; sie wurden von Dominikanern geleitet, unter denen vor allem zwei wichtige Gestalten waren: der heilige Raimund von Penyafort, Ordensgeneral und Kompilator des corpus iuris canonici, auf das sich die katholische Kirche bis zum Beginn unseres Jahrhunderts stützte, und Ramon Marti, der neben anderen polemischen Werken vor allem das berühmte Werk *Pugio fidei* verfaßte. Überdies scheint die Bekehrung Lulls vom lebensfrohen Hofmenschen zum leidenschaftlichen Wahrheitssucher in Zusammenhang zu stehen mit der berühmten Disputation von Barcelona (1263), die von den Dominikanern organisiert wurde. Raimund von Penyafort führte dort den Vorsitz und Ramon Marti war mit ihren Folgen beschäftigt.

Um die spätere Reaktion Lulls zu verstehen, müssen wir uns die neuen Methoden vor Augen führen, die diese Dominikaner im Streitgespräch zwischen den drei Religionen anzuwenden versuchten. Sie wollten ihre Argumente auf eine genaue Kenntnis der Sprache und der heiligen Texte ihrer Gegner stützen. Die *Pugio fidei* erweist Ramon Marti nicht nur als Kenner des Hebräischen und der Torah, sondern auch von Mischnah und Talmud. Gerade diese Kenntnisse (in diesem Fall des Bruders Pau Cristia) überraschten die jüdischen Gegner (vor allem den Rabbi Moises ben Nachman gen. Nachmanides) bei der Disputation von Barcelona. Ramon Lull scheint allerdings erkannt zu haben, daß man mit dieser Methode zwar einen Überraschungseffekt erzielen konnte, dieser Anfangsvorteil dann aber mit endlosen Diskussionen über die zur Verhandlung stehenden Texte erkauft werden mußte.

Darüber hinaus bemerkte Lull einen weiteren Nachteil der

offensiven Taktik der Dominikaner; er verdeutlichte diesen an einem Beispiel, das sich gleich sieben Mal in seinen Schriften findet. Es ist die Geschichte von einem Missionar (damit war Ramon Marti gemeint), dem es gelingt, den Sultan von Tunis vom Irrtum des Islam zu überzeugen. Auf die Bitte des Sultans, ihm die Wahrheit des Christentums zu beweisen, antwortet der Missionar, man könne das Christentum nicht beweisen, sondern nur glauben. Darauf erwidert der Sultan, er werde nie sein ‚credere pro credere' aufgeben, sondern nur sein ‚credere pro vere intelligere' und wirft dem Missionar vor, ihm seine Religion wegzunehmen, ohne ihm angemessene Gründe für die Annahme einer anderen nennen zu können; dadurch mache er ihn geistig heimatlos. Daraufhin verjagt er den Missionar und dessen Gefährten aus seinem Reich.

Auch auf andere Nachteile der Methode der Dominikaner mußte Ramon Lull aufmerksam werden. So provozierte etwa die offensive Art, in der sie den Glauben des Gesprächspartners in seinen Wurzeln angriffen, eine verständlicherweise äußerst heftige Verteidigungsreaktion, der nur schwer beizukommen war.

Er erkannte außerdem, daß sich der Hauptstoß der Dominikaner gegen die Juden richtete, wobei sicher eine gewisse zwangshafte Furcht vor einer vermeintlichen intellektuellen ‚fünften Kolonne' im Spiel war. Diese Zwangshaftigkeit zeigte sich vor allem in den Bemühungen der Dominikaner um den Aufweis, daß Jesus Christus wirklich der im Alten Testament verheißene Messias war.

So entschloß sich Ramon Lull, einen dem entgegengesetzten Weg einzuschlagen. Es war ein Weg, der sich als neu und originell erweisen sollte. Dabei spielten vier Faktoren eine Rolle.

Zum einen stützte sich Lull nicht auf Argumente, die Texten oder Autoritäten entnommen waren, sondern auf abstrakte Argumente, also auf Aussagen, über die sich die drei Religionen einig waren: Ein einziger Gott mit bestimmten Eigenschaften (Güte, Größe usw.), das von den Griechen überkommene Weltbild (die vier Elemente, die sieben Planeten usw.), und die eben-

falls von den Griechen, besonders von Aristoteles, übernomme-
nen Begriffsstrukturen (Kategorien, Materie-Form, Werden-
Vergehen usw.). Dabei konnte Lull diejenigen Elemente
verwenden, die ihm als ontologische und erkenntnistheoreti-
sche Axiome am meisten entgegenkamen. Auf diesen für alle
drei Religionen problemlos annehmbaren Grundlagen war es
ihm möglich, ein System – oder besser eine umfassende Syste-
matik – der beiden Welten des Seins und des Erkennens zu ent-
werfen, das er in den verschiedenen Etappen seiner Entwicklung als *Ars compendiosa inveniendi veritatem* (ca. 1274), *Ars
demonstrativa* (ca. 1283), *Ars inventiva veritatis* (1290), *Ars gene-
ralis ultima* (1305/8) bezeichnete.

Zum zweiten bestand seine Methode darin, nicht die Religion
des Gegners anzugreifen sondern ausschließlich die Wahrheit
der eigenen zu beweisen. Deshalb hat die Apologetik Ramon
Lulls einen ausgesprochen positiven Charakter. Sie kann
die sonst übliche defensive oder feindliche Reaktion des Gesprächspartners vermeiden. Damit ermöglicht sie eher einen ob-
jektiven, von emotionalen Belastungen freien Dialog. Tatsächlich nehmen sich die Objektivität und der gegenseitige Respekt
der Gesprächspartner im *Libre del Gentil* für ein mittelalterli-
ches Werk außergewöhnlich aus. Der Schluß, der den Leser im
Ungewissen darüber läßt, für welche Religion der Heide sich
entschieden hat, könnte nicht überraschender ausfallen.

Ein dritter Punkt: Für Lull war die Absicht, die Wahrheit der
katholischen Religion aufzuweisen, keine defensive Reaktion
auf mögliche Angriffe von außen, sie entsprang nicht der Suche
nach möglichst unwiderlegbaren Argumenten. Es ging ihm einfach um die Verteidigung der katholischen Religion in ihrer
ganzen Breite durch den Aufweis der Wahrheit jedes einzelnen
Glaubensartikels. Er legte das Schwergewicht deshalb auf die
Trinitätslehre und die Inkarnation, weil sich dagegen bei Juden
und Muslimen die meisten Einwände richteten und weil er sich
der Tatsache bewußt war, daß er trotz aller damit verbundenen
Schwierigkeiten vor allem diese Glaubensartikel einsichtig machen mußte, wollte er überhaupt zum Ziel kommen.

Zum vierten besaß Lull eine Gesamtschau des Problems. Ihm

war klar, daß sowohl in geistiger wie in politisch-militärischer Hinsicht der Islam Hauptgegner war. Nicht daß er die Juden aus dem Auge verloren hätte. Aber er erkannte ohne zwangshafte Voreingenommenheit, daß die Muslime eine Weltmacht darstellten, während die Juden überall eine unterdrückte Minderheit und deshalb als Ansprechpartner für die Mission zweitrangig waren.

Kein Werk läßt die hier genannten neuen Elemente der Methode Lulls besser hervortreten als das *Libre del gentil e dels tres savis*. Es wurde offensichtlich nach der ersten Ausformung seines Systems in der *Ars compendiosa inveniendi veritatem* von ca. 1274 und vor der Gründung seines Missionskollegs Miramar an der herrlichen Nordküste von Mallorca (Ende 1276) verfaßt. Daß sich das *Libre del gentil* auf die ars stützt, zeigt sich nicht nur an der entsprechenden Aussage Lulls am Schluß des Werks, sondern auch an seiner Methode. Die Argumentation von den ,Tugenden' Gottes und den Tugenden und Lastern der Menschen aus, die jeweils paarweise zusammengefügt und dann als auf der Grundlage der ,Bedingungen des Baumes' als Argumentationsglieder verwandt werden – dieser ganze Mechanismus ist nichts anderes als die Popularisierung der semi-algebraischen Methoden der ars. Daß das *Libre del gentil* für die Schule von Miramar geschrieben wurde, läßt sich der Tatsache entnehmen, daß es sich dabei um das am meisten allgemein gehaltene apologetische und polemische Werk von Ramon Lull handelt, dem er auch das größte Gewicht beimaß. Für diese Annahme spricht auch, daß die Schüler von Miramar über den reinen Sprachunterricht hinaus ein Modell für das missionarische Argumentieren brauchten. Und welches bessere Modell könnte es geben als dieses Werk?

Hier wird nicht nur der zukünftige Missionar darin unterwiesen, wie er Gespräche dieser Art auf der Grundlage der ars führen kann, sondern wir besitzen mit dem *Libre del gentil* vielleicht das klarste Modell des ganzen Mittelalters dafür, wie sich eine Diskussion zwischen den Religionen objektivieren läßt. Jeder Gesprächspartner hat die Freiheit, seine eigene Religion in ihrer ganzen Breite ohne Zwischenbemerkungen oder

30

Kritik seiner Gegner darzulegen (nur der Heide darf unterbrechen und um Erläuterungen bitten), und die Objektivität, mit der Lull die Leiden des jüdischen Exils wie die Freuden des muslimischen Paradieses darstellt (dem ersteren Thema stand der durchschnittliche mittelalterliche Mensch gleichgültig gegenüber, dem zweiten mit Erschrecken), ist außerordentlich.

Offenbar blieb das Werk auch bei Schülern und Nachfolgern Lulls von Bedeutung. Sein direkter Schüler, der Franzose Thomas le Myésier, nahm das *Libre del gentil* in seine auf über tausend Seiten angelegte Anthologie der Werke Lulls als Hauptstück in die ‚Pars septima magna disponens finalem intentionem' auf, die praktisch das innerste Zentrum der Anthologie bildet, und widmet ihm als einzigem Werk eine doppelseitige Illustration. Daß das *Libre gentil* auch weiterhin auf Interesse stieß, läßt sich auch aus der Anzahl der Handschriften und der frühen Übersetzungen ins Lateinische, Französische und Spanische schließen.

III

BUCH VOM HEIDEN
UND DEN DREI WEISEN

Ramon Lull

Allmächtiger Gott, der du in deiner Macht weder Maß noch
Grenzen noch Zeit kennst, mit deiner Gnade, mit deinem Segen
und mit deiner Hilfe, damit du geehrt und geliebt werdest und
dir gedient sei, so wie es deiner unendlichen Würde gebührt und
soweit die Wenigkeit der Menschen es vermag, beginnt hier das
Buch vom Heiden und von den drei Weisen.

VOM PROLOG

[...] Durch Gottes Fügung lebte in fernem Lande ein Heide, ein
großer Gelehrter der Philosophie. Er war schon alt und dachte
nach über den Tod und das Glück dieser Welt. Dieser Heide
wußte nichts von Gott und glaubte nicht an die Auferstehung.
Er meinte, mit dem Tode sei alles aus. Während er so philoso-
phierte, füllten sich seine Augen mit Tränen, er weinte, und sein
schmerzerfülltes Herz seufzte und trauerte. So sehr liebte der
Heide dieses Erdenleben, daß ihn der Gedanke an den Tod ent-
setzte. Und in der Meinung, daß mit dem Tode alles vorbei sei,
war er trostlos, konnte nicht aufhören zu weinen; die Traurigkeit des Herzens überwältigte ihn. In seinen Betrachtungen und
seinem Leid kam es ihm in den Sinn, ein fremdes Land aufzusu-
chen, um zu sehen, ob er dort vielleicht ein Mittel gegen seine
Traurigkeit finden würde. Er beschloß, sich in einen großen
Wald zurückzuziehen, mit sprudelnden Quellen und schönen
fruchttragenden Bäumen. In solchem Walde würde es auch al-
lerlei Tiere und bunte Vögel geben. So wollte er dort als Ein-
siedler leben, sich an Farbe und Duft der Blumen erfreuen und
die Schönheit und Köstlichkeit der Bäume, Quellen und Kräu-

ter sollten ihn erlösen von den schweren und trüben Gedanken, die ihn so plagten und quälten.

Als der Heide nun in den großen Wald kam, sah er die Quellen, Bäche und Wiesen, in den Bäumen sangen die verschiedensten Vögel ihr Lied, und es gab Rehe, Hirsche, Gazellen, Hasen, Kaninchen und andere Tiere, die alle das Auge erfreuten. Die Bäume blühten üppig oder waren fruchtbeladen, es gab viele Arten, und allen entströmte lieblicher Duft. So wollte er sich trösten und freuen an dem, was es hier zu sehen, zu hören und zu riechen gab. Da kam ihm der Tod in den Sinn, die Vernichtung seines Daseins. Und sein Gemüt wurde mehr denn je von Trauer und Schmerz erfüllt. [...]

Der Heide kam durch seine Gedanken in solche innere Bedrängnis, daß er sich keinen Rat mehr wußte. Da kniete er nieder, die Augen und Hände zum Himmel erhoben, küßte die Erde und sprach unter Tränen und Seufzern inbrünstig diese Worte: „Unseliger! In welchem Schmerz und Zorn bist du gefangen! Warum wurdest du gezeugt und kamst in diese Welt, wenn dir doch keiner helfen kann, die Leiden zu ertragen? Wenn etwas fähig wäre, dich zu retten, warum zeigt es sich nicht? Warum erbarmt es sich nicht deines Flehens? O warum kannst du nicht diese unablässigen und immer qualvolleren Gedanken aus deinem Innern bannen?" –

Als er diese Worte gesprochen hatte, wollte er weiterwandern, von Ort zu Ort, bis daß er Hilfe finden würde. Während nun der Heide wie ein Verirrter im Walde bald hier-, bald dorthin seine Schritte lenkte, gelangte er an einen wunderschönen Weg. Er beschloß, ihm bis ans Ende seiner Not zu folgen. Während nun der Heide seinen Pfad verfolgte, geschah es, daß drei Weise sich trafen vor den Toren einer Stadt. Der eine war Christ, der andere Jude, der andere Sarazene. Als sie sich dort draußen bemerkten, begrüßten sie einander freudig und blieben beisammen. Ein jeder erkundigte sich nach der Gesundheit und dem Ergehen des anderen und wollte wissen, was ihn beschäftigte. Sie beschlossen einen gemeinsamen Spaziergang, um den von Studien ermüdeten Geist zu erfrischen.

So gingen die drei Weisen miteinander dahin, jeder erzählte

vom eigenen Glauben und von der Wissenschaft, die er seine Schüler lehrte. Und sie gelangten zu eben diesem Wald, in dem der Heide umherirrte. Sie betraten ihn und erreichten eine liebliche Wiese, wo ein frischer Quell fünf Bäume wässerte. An der Quelle befand sich eine wunderschöne Jungfrau, edel gekleidet. Sie ritt auf einem prächtigen Roß, das sie aus der Quelle tränkte.

Die Weisen erfreuten sich des Anblicks der Bäume, bemerkten die anziehenden Züge der Jungfrau, näherten sich der Quelle und grüßten ehrerbietig die Dame. Diese erwiderte huldvoll und anmutig den Gruß. Die Weisen befragten sie nach ihrem Namen, und sie sagte ihnen, sie sei die Intelligenz. Da baten die Weisen sie, ihnen die Natur und Besonderheit der fünf Bäume zu erklären und auch den Sinn der Buchstaben, die sie auf allen Blüten fanden. [...]

Dies tat die Dame. Dann grüßte sie und ritt fort. Die drei Weisen blieben unter den fünf Bäumen bei der Quelle. Einer von ihnen rief seufzend: „Ach Gott! Welch ein Glück wäre es, wenn alle Menschen zu einer Religion und zu einem Glauben kommen könnten! Welch Glück, wenn Zank und Übelwollen verschwänden, die aus der Verschiedenheit und dem Gegensatz der Glaubensüberzeugungen entstehen! Und wenn, da es doch nur einen Gott gibt, den Vater, Herrn und Schöpfer der Welt, alle Völker sich zu einem Volk auf dem Weg des Heils einten, und wir zusammen nur noch einen Glauben hätten und eine Religion und gemeinsam unseren Herrn und Gott lobten und rühmten!

Bedenkt, ihr Herren, all das Unglück, das aus der Verschiedenheit der Religionen kommt! Und was wir gewönnen, hätten wir nur noch ein Gesetz und einen Glauben! Ich frage: wie, meint ihr, wäre es, wenn wir uns hier unter diesen Bäumen und an dieser schönen Quelle zusammensetzten und unseren Glauben diskutierten, indem wir uns methodisch an der Bedeutung der Blätter und den Hinweisen dieser Bäume orientierten? Da wir doch in der Autorität unserer heiligen Texte nicht übereinstimmen können, sollten wir uns durch notwendige und überzeugende Gründe verständigen."

Die beiden anderen Weisen stimmten dem zu, und alle nahmen Platz. Sie wollten sich gerade die ersten Fragen vorlegen, als sie den Heiden kommen sahen, der im Walde umherirrte. Sein Bart war lang geworden, und traurig hing sein Haar. Erschöpft kam er daher, so bleich und mager von der Qual seiner Gedanken und von der Mühsal einer langen Reise. Der Leiden Bedrängnis machte ihn durstig, darum wollte er aus der Quelle trinken, ehe er das Wort an die drei Weisen richten und sie begrüßen konnte.

So trank der Heide aus der Quelle, und Geist und Atem gewannen neue Kraft. Er grüßte die drei Weisen in seiner Sprache und gemäß seiner heimatlichen Sitte. Sie antworteten mit dem Gegengruß: „Der Gott der Herrlichkeit, Vater und Herr von allem, was da ist, Schöpfer der Welt, der Gute und Böse vom Tode erwecken wird, behüte Euch und befreie Euch von Euren Leiden!"

Als der Heide den Gruß vernahm, den die drei Weisen ihm entboten, als er die fünf Bäume sah und in ihren Blüten las, als er die fremde Kleidung und das fremde Gebaren der drei Weisen bemerkte, wurde er nachdenklich und wunderte sich sehr über alles, was er sah und hörte.

„Lieber Freund", sagte einer der drei Weisen zu ihm, „woher kommt Ihr, und wie ist Euer Name? Ihr scheint mir verzweifelt und voller Kummer. Was habt Ihr, und warum seid Ihr hierhergekommen? Können wir Euch irgendwie helfen und trösten? Schüttet uns Euer Herz aus!"

Der Heide antwortete und sagte, er komme aus einem fernen Lande, sei ein Heide und wandere wie ein Irrer durch den Wald, bis ihn der Zufall an diesen Ort geführt habe. Und dann erzählte er, welch ein Schmerz und welch eine Pein ihn ergriffen hatten. „Und", sagte er, „als Ihr mich begrüßtet mit den Worten, daß Gott mir helfen möge, der die Welt erschuf und Tote auferweckt, da war ich sehr verwundert, denn niemals hörte ich von einem Gott dergleichen sagen. Und von Auferstehung vernahm ich nie. Wer mir die Auferstehung mit einleuchtenden Gründen beweisen könnte, der würde meine Seele von Schmerz und Traurigkeit befreien." [...]

Als die drei Weisen dies vernahmen und das Leiden verstanden, das ihm aus seinem Irrtum erwachsen war, füllten sich ihre Herzen mit Liebe und Mitleid. Sie erkannten es als ihre Aufgabe, dem Heiden das Dasein Gottes zu beweisen und ihm zu zeigen, daß Gott ganz Gutheit, Größe, Ewigkeit, Macht, Weisheit, Vollkommenheit und Liebe ist.

So sagte einer: „Wer beginnt?" Jeder wollte den anderen mit dem Anfang ehren. Der Heide aber, der sah, daß sie nicht weiterkamen, bat einen der Weisen, doch zu beginnen, denn jede Verzögerung bekümmerte seine Ungeduld. [...]

ZWEITES BUCH
VOM GLAUBEN DER JUDEN

Hier beginnt das zweite Buch, das vom Glauben der Juden handelt.

Zuerst verrichtete der Jude sein Gebet und sagte: „Im Namen des einen allmächtigen Gottes, in den wir unsere ganze Hoffnung gesetzt haben, um aus der Gefangenschaft befreit zu werden, in der wir uns befinden." Als er sein Gebet gesprochen hatte, sagte er, daß die Artikel seines Glaubens acht an der Zahl seien, und zwar: Der erste Artikel: Nur an einen Gott glauben. Der zweite Artikel: Glauben, daß Gott der Schöpfer ist von allem, was existiert. Der dritte Artikel: Glauben, daß Gott Mose das Gesetz übergab. Der vierte Artikel: Gott wird den Messias schicken, der uns aus der Gefangenschaft befreien wird, in der wir uns befinden. Der fünfte Artikel handelt von der Auferstehung. Der sechste Artikel handelt vom Tage des Letzten Gerichts, wenn Gott die Guten und die Bösen richten wird. Der siebte Artikel: An die himmlische Seligkeit glauben. Der achte Artikel: Glauben, daß die Hölle existiert.

Als der Jude seine Artikel aufgezählt hatte, begann er mit dem ersten Artikel.

VOM ERSTEN ARTIKEL
ÜBER DEN EINEN GOTT

Der Jude sagte zum Heiden, er werde anhand vieler offensichtlicher Argumente beweisen, daß es nur einen Gott gibt; doch
aus der Vielzahl dieser Argumente werde er nur vier als Beweis
heranziehen, die, um es kurz auszudrücken, wie die Blüten der
Bäume seien. „Das erste unter diesen vier Argumenten ist:

Es ist offensichtlich, daß der Mensch, wie wir sehen können,
auf einen Zweck gerichtet ist; und auch die Natur tut alles, was
sie tut, im Hinblick auf einen Zweck. Diese Ausrichtung und
dieser Verlauf der Natur sind Zeugnis und Beweis dafür, daß es
einen einzigen Gott gibt; denn wenn es viele Götter gäbe, müßten sie auch viele Zwecke verfolgen, und die einen Menschen
wären natürlich dazu bestimmt, den einen Gott zu lieben, während andere Menschen wiederum dazu bestimmt wären, einen
anderen Gott zu lieben. Dasselbe würde auch für die anderen
Geschöpfe gelten, denn ein jedes Geschöpf müßte sich vom anderen darin unterscheiden, daß es von dem Gott zeugt, der es
schuf. Und wenn nicht jeder Gott seine Schöpfung so organisiert hätte, wären seine Güte, seine Größe, seine Ewigkeit, seine
Macht, seine Weisheit und sein Wille unvollkommen. Wenn
dies aber der Fall wäre, wäre es unmöglich für ihn, Gott zu sein.
Denn steht es dem Geschöpf nicht zu, Schöpfer zu sein, so steht
es noch viel weniger der Unvollkommenheit in Güte, Größe
usw. zu, Gott zu sein, da Gott, entsprechend den Bedingungen
der Bäume, jegliche Erhabenheit zusteht.

Das zweite Argument ist das folgende: Die Größe Gottes ist
unendlich in Wesenheit, Güte, Ewigkeit, Macht, Weisheit,
Liebe und Vollkommenheit, oder sie ist es nicht. Wenn es nun
aber zwei oder drei Götter gibt, so ist es unmöglich, daß die
Größe Gottes unendlich in Wesenheit und den übrigen zuvor
genannten Attributen ist. Wenn es dagegen nur den einen Gott
gibt, dann ist es möglich, daß die Größe Gottes unendlich in
Wesenheit für alle zuvor genannten Attribute ist. Und da Mög-
lichkeit und Sein miteinander in Einklang stehen, ebenso wie
die Unmöglichkeit und das Nicht-Sein, ist es offensichtlich, daß

es einen Gott gibt, dessen Wesenheit so groß in Güte, Ewigkeit, Macht, Weisheit, Liebe und Vollkommenheit ist, daß keine andere Essenz oder kein anderes Ding sie vervollkommnen und erfassen kann, vielmehr vervollkommnet und erfaßt sie in sich selbst alle Dinge und ist in ihrem Wesen innerhalb und außerhalb aller anderen Dinge; denn würde sie es nicht sein, wäre sie abgeschlossen und endlich."

Der Heide sagte zum Juden: „Nach der Ordnung der Natur ist es wahr, daß die vier Elemente in jedem aus ihnen bestehenden Körper miteinander vermischt sind, und in diesem Körper ist jedes Element in seiner Wesenheit, in seiner Tätigkeit und in seinem Schaffen. So ist es nun auch möglich, daß es viele Götter gibt, daß sie miteinander vermischt sind und daß die Größe eines jeden unendliche Wesenheit für alle Attribute und alle Orte bedeutet."

Der Jude antwortete: „Es stimmt, daß in einem zusammengesetzten Körper jedem Element entsprechend seinen Eigenschaften durch ein anderes Grenzen gesetzt werden, denn die Macht des Feuers wird durch die Macht des Wassers begrenzt, das ihm entgegengesetzt ist, so wie die Macht des Wassers durch die des Feuers begrenzt wird, und dasselbe gilt für die Luft und für die Erde. Und so wie das eine das andere in seiner Fähigkeit begrenzt, so wird auch die Aktivität eines jeden von ihnen von der Aktivität des anderen begrenzt, da ihre Werke verschieden und einander entgegengesetzt sind. Deswegen will jedes Element einfach, eigenständig und ohne die anderen Elemente sein; denn wenn es ohne die anderen zu existieren vermöchte, könnte es seinem eigenen Wesen und seiner eigenen Fähigkeit viel mehr gerecht werden, als dies der Fall wäre, wenn es mit den anderen vermischt existierte. Deswegen ist es offensichtlich, daß, wenn es viele Götter gäbe, die Macht, Güte usw. eines jeden von der Macht, Güte usw. des anderen begrenzt würde. Genauso offensichtlich ist, daß es viel besser wäre, wenn es einen Gott gäbe, der in seiner eigenen Essenz und in seiner Macht usw. wäre, als daß es alle jenen Götter gäbe, und er würde auch viel besser mit dem Sein in Einklang stehen. Es wäre auch viel weniger möglich, daß in ihm Neid, Hochmut und Unvollkommenheit entstünden, als wenn er mit den anderen Göttern vermischt wäre. Und da die größte Erhabenheit und das, worin Gott am meisten mit dem Sein in Einklang steht, entsprechend den Bedingungen des ersten Baumes verliehen werden muß, und weil demzufolge Glaube, Hoffnung, Nächstenliebe usw. besser mit Güte, Größe usw. in Einklang stehen und den Lastern größeren Widerstand leisten können, darum läßt sich anhand dieser Bedingungen beweisen, daß notwendigerweise e i n Gott existiert.

Das dritte Argument ist das folgende: Wenn es an einem Ort einen Gott ganz aus sich allein heraus gäbe und einen anderen Gott jenseits dieses Gottes an einem anderen Ort und noch einen anderen Gott jenseits dieses Ortes, dann müßte es einen unendlichen Gott geben, der die Reihe all dieser Götter beendet und sie umfaßt, und dieser wäre dann viel eigentlicher Gott als die anderen. Und wenn dies der Fall wäre, würde daraus folgen, daß der größere Gott über die geringeren Götter hinaus unendlich wäre, daß er jedoch, entsprechend den sechs Richtungen, durch die jegliches Ding im Raum bedingt ist – das heißt oben und unten, rechts und links, vorn und hinten –, durch diese geringeren Götter begrenzt und endlich ist. Wenn es sich so verhielte, hieße dies, daß Gott ein Körper wäre; und wenn er ein Körper wäre, wäre er endlich, denn jeglicher Körper muß endlich sein, insofern als er mit Form, Oberfläche und Materie übereinstimmen muß. Da es nun ein Widerspruch ist zu sagen, Gott könnte endlich und unendlich sein, der größere Gott würde durch die geringeren begrenzt und er wäre jenseits der geringeren Götter unendlich, beweist dies, daß die Existenz mehrerer Götter unmöglich ist und daß es nur den einen Gott geben kann, ohne dessen Einheit und Einzigartigkeit die Vollkommenheit in Güte, Größe usw. nicht mit ihm in Einklang stehen könnte."

Der Heide sagte: „Ist es möglich, daß es einen Gott an einem Ort und einen anderen Gott an einem anderen Orte gibt und daß es also viele Götter gibt, die unendlich in ihren Werken, aber endlich im Raum-Maß sind?"

Der Jude antwortete: „Die Vollkommenheit in Güte, Größe, Ewigkeit, Macht usw. steht mit der Unendlichkeit in Wesenheit

in Einklang, wo es Vollkommenheit in Güte, Größe usw. gibt;
sie kann dagegen mit einem Zweck nicht in Einklang gebracht
werden, der auf örtlich begrenzten und zahlenmäßig verviel-
fachten Dingen beruht, denn es kann nicht in unbegrenzter Anzahl Vollkommenheit in Güte, Größe usw. in all den Dingen,
die in ihrer Essenz endlich sind, geben. Wäre dies nämlich so,
dann würde die Vollkommenheit in Güte, Größe usw. im endlichen Ding so edel wie im unendlichen Ding sein; doch dies ist
unmöglich. Durch diese Unmöglichkeit wird gezeigt, daß die
Vollkommenheit in Güte, Größe usw. mit einer in Güte, Größe
usw. unendlichen Wesenheit in Einklang steht, und nicht mit
vielen endlichen Wesenheiten oder deren Gesamtheit; denn
wenn dies der Fall wäre, würde Vollkommenheit im unendlichen und im endlichen Ding dasselbe sein; dies ist jedoch unmöglich.

Das vierte Argument ist: Die Hoffnung wird größer, wenn
man einem Gott vertraut, der Herr aller Dinge ist; die Nächstenliebe wird größer, wenn man den einen Gott liebt, der unendlich in Güte, Größe usw. ist; beides wäre unmöglich, wenn
es mehrere Götter gäbe oder einen Gott, der aus zwei oder drei
Bestandteilen zusammengesetzt wäre. Und da entsprechend
den Bedingungen der Bäume das, wodurch Hoffnung und
Nächstenliebe in größerem Maße miteinander in Einklang stehen, mit der Wahrheit einhergeht und ihr Gegenteil mit der
Falschheit, darum ist es offensichtlich, daß es nur einen Gott
gibt."

„Herr", antwortete der Heide, „so wie Nächstenliebe mit
Vollkommenheit besser in Einklang steht, wenn sie größer ist
und größer sein kann durch die Liebe zu einem Gott, der unendlich in Güte, Größe usw. ist, als durch die Liebe eines oder mehrerer Götter, die endlich sind, so ist auch der Wille eines
Menschen, der einen Gott nicht-liebt, der böse ist und unendliche Bosheit hat, edler im Nicht-Lieben als der Wille, der nur das
endliche und begrenzte Böse nicht-lieben kann. Und da die
edelste Nicht-Liebe verliehen werden muß, ist es offenbar, daß
es einen bösen, unendlichen Gott gibt, der Anfang alles Bösen
ist, der vom Menschen nicht-geliebt werden kann."

Der Jude antwortete: „Wahr ist, Herr, daß hinsichtlich der Liebe der geschaffene Wille einer edleren Nicht-Liebe fähig wäre, wenn er einen Gott nicht-lieben würde, der unendliches Böses wäre. Doch da der böse Gott dem guten entgegengesetzt wäre und der gute Gott keine Güte, Größe, Ewigkeit, Macht usw. hätte, wenn er den bösen Gott nicht vernichten würde, deswegen kann es sich nicht so verhalten, daß der Wille das größere Böse nicht-lieben kann. Denn der geschaffene Wille steht nicht mit der Erhabenheit in Einklang, die der Erhabenheit des Schöpfers entgegengesetzt ist. Und wenn der gute Gott den bösen Gott nicht vernichten würde, weil der geschaffene Wille nicht besser sein könnte, dann würde er sein Geschöpf mehr lieben als sich selbst, was eine Unvollkommenheit in Gott wäre. Andererseits hätten sie, wenn der gute Gott den bösen Gott nicht vernichten könnte, gleichviel Macht, was wiederum unmöglich ist; denn wenn es möglich wäre, würde das Sein mit dem unendlichen Bösen genauso perfekt in Einklang stehen wie mit dem unendlichen Guten. Da nun Gutes und Sein miteinander in Einklang stehen, wie Böses und Nicht-Sein ihrerseits, und da auch die Vollkommenheit mit dem Guten und dem Sein in Einklang steht und mit dem Bösen und dem Nicht-Sein unvereinbar ist, deswegen ist es ganz offensichtlich unmöglich, daß ein unendliches Böses im Sein ist; denn wenn dem so wäre, stünden Sein und Nicht-Sein gleichermaßen mit Ewigkeit und Unendlichkeit in Einklang; dies ist jedoch unmöglich.“

Als der Jude dem Heiden bewiesen hatte, daß es nur einen Gott gibt, fragte er den Heiden, ob er sich mit der Beweisführung zufriedengebe, die er ihm hinsichtlich der Einheit Gottes gegeben habe und ob ihm die vier oben genannten Argumente genügten oder ob er wünsche, daß er weitere Blüten von den Bäumen pflücke, um so die Einheit Gottes mit weiteren Argumenten zu beweisen. Darauf antwortete der Heide, daß er sich mit dieser Beweisführung zufriedengebe und daß er, wenn er hie und da widersprochen habe, dies nur getan habe, um die Wahrheit besser zu ergründen. Gleichzeitig bat er ihn aber, ihm zu sagen, was denn Gott eigentlich sei, was er in sich selbst sei, da er sehr innig wünsche, zu erfahren, was Gott genau sei.

„Herr", sagte der Jude, „durch die Kraft Gottes und durch das Licht der Gnade erkennt der menschliche Verstand in seinem diesseitigen Leben das, was Gott nicht ist, das heißt daß begründete Argumente erkennen lassen, daß Gott weder Stein noch Mensch, noch Sonne, noch Stern, noch irgendein körperliches Ding ist, noch ist er irgendein geistiges Ding, das endlich oder fehlerhaft wäre. Es ist uns ebenfalls bekannt, daß Gott gut, groß, ewig, mächtig usw. ist. Es genügt uns, alle diese Dinge zu wissen, solange wir auf dieser Welt sind. Das Wissen aber darum, was Gott in sich selbst ist, das ist keinem Menschen gegeben. Denn wenn niemand je wissen kann, was seine eigene Seele ist, wie sollte man da wissen dürfen, was Gott ist? Genausowenig ist dies etwas, das in dieser Welt zu wissen wäre, im Jenseits dagegen erfahren es diejenigen, die selig sind. Wenn wir es in dieser Welt erführen, so wäre jene keine edlere Welt als diese. Da aber die andere Welt edler sein muß als diese, hat Gott bestimmt, daß niemand auf dieser Welt das erfahren wird, was der anderen Welt zusteht."

VOM ZWEITEN ARTIKEL
ÜBER DIE SCHÖPFUNG

„Um zu beweisen, daß Gott der Schöpfer aller Dinge ist, habe ich unter den vielen anderen sieben Blüten von den fünf Bäumen gepflückt. Sie zeigen dem menschlichen Verstand, daß Gott die Welt schuf; durch jede einzelne Blüte wird dies schlüssig bewiesen."

ÜBER GÜTE UND EWIGKEIT

„Die Ewigkeit ist etwas Gutes, so wie auch das Gute und das Sein mit der Ewigkeit in Einklang stehen und die Ewigkeit mit der Güte. Wenn aber die Ewigkeit etwas Schlechtes wäre, würden Nicht-Sein und Güte gegenüber Sein und Ewigkeit miteinander in Einklang stehen; wenn dies so wäre, wünschten natürlich alle Menschen, Pflanzen und Tiere, sie würden nicht existieren, was wiederum unmöglich ist, da alles, was ist, das Sein liebt und das Nicht-Sein nicht-liebt."

Da sagte der Jude zum Heiden: „Wenn die Welt nicht ewig ist und auch Gott sie nicht erschaffen hat, dann muß sie ihren Anfang entweder aus sich selbst oder von etwas anderem genommen haben. Aus sich selbst kann sie den Anfang nicht genommen haben, denn ein Nichts kann nicht einem Etwas seinen Anfang geben, denn wäre dies der Fall, so würde das Nicht-Sein etwas sein. Wenn andererseits die Welt ihren Anfang von etwas anderem genommen hätte, das Gott nicht wäre, und wenn dieses seinen Anfang von etwas anderem genommen hätte, das seinerseits einen Anfang gehabt hätte, und so weiter bis ins Unendliche, und wenn Gott von keinem dieser Anfänge und Angefangenen der Anfang wäre, so wäre daraus zu folgern, daß die Güte besser mit dem angefangenen Anfang in Einklang steht als mit der Ewigkeit; dies ist jedoch unmöglich. Diese Unmöglichkeit beweist, daß, wenn die Welt einen Anfang hat, sie diesen von der ewigen Güte haben muß oder von etwas, das seinerseits seinen Anfang aus der ewigen Güte genommen hat. Da wir aber bereits bewiesen haben, daß es nur einen Gott gibt, in dem die ewige Güte ist, bedeutet dies, daß, wenn die Welt einen Anfang hat, sie diesen von Gott genommen haben muß oder von etwas anderem, das seinerseits seinen Anfang aus Gott genommen hat.

Wenn die Welt ewig und nicht erschaffen ist, dann ist sie in ihrer Beständigkeit der Ewigkeit Gottes gleich. Nun, da die Welt teilbar ist in Teile, die Verfall und Böses beinhalten, das heißt in Dinge, deren Raum-Maß begrenzt ist und die verderblich, sterblich, anfällig und unwissend sind, und da diese Dinge schlecht sind, insofern es ihnen an Güte mangelt, darum steht die Welt nicht so gut mit der Güte in Einklang wie die Güte dort, wo es weder Teilung noch Verfall noch Böses gibt, mit der Ewigkeit, wo es weder Teile noch Dinge gibt, die Anfang und Ende haben, in Einklang steht. Somit wird gezeigt, daß das Gute, das es auf der Welt gibt, einen Anfang hat; denn sollte es keinen Anfang haben, würde es gleichermaßen mit der Ewigkeit in Einklang stehen wie die Güte Gottes. Und wenn das erschaffene Gute einen Anfang hat, wieviel naheliegender ist es dann, daß das Böse einen Anfang hat! Denn wenn das Böse ewig, ohne Anfang wäre, würde die Ewigkeit mit der Güte nicht in Einklang stehen, insofern als sie mit etwas der Güte Entgegengesetztem in Einklang stünde; dies ist jedoch unmöglich. Diese Unmöglichkeit beweist, daß die Welt erschaffen und begonnen wurde."

Der Heide fragte den Juden, ob Gott das Böse erschaffen habe. Der Jude antwortete, daß das Böse in zweierlei Hinsicht betrachtet werden könne: „Böses als Schuld-Böses und Böses als Straf-Böses. Da nun aber das Schuld-Böse der Güte entgegengesetzt ist, kann es nicht erschaffen worden sein. Und da das Straf-Böse mit der vollkommenen Gerechtigkeit Gottes, der den Sünder straft, und mit der vollkommenen Weisheit Gottes, der das Gut der Gnade kundtut, in Einklang steht, darum muß das Straf-Böse mit dem von der höchsten ewigen Güte erschaffenen Sein in Einklang stehen."

ÜBER GRÖSSE UND MACHT

„Es ist offenbar, daß mehr Macht in Gott ist, wenn die Welt von der Macht Gottes erschaffen wurde, als wenn sie ewig ist. Denn eine größere Macht bedeutet es, aus dem Nichts eine so große und schöne Welt zu erschaffen, als es der Fall wäre, wenn die Macht Gottes die Welt nicht erschaffen hätte. Und da das, aufgrund dessen die Größe und die Macht Gottes am besten miteinander in Einklang stehen und dem menschlichen Verstand vor Augen geführt werden, entsprechend der ersten Bedingung des ersten Baumes verliehen werden muß, wird offenkundig, daß die Welt aus dem Nichts erschaffen wurde und daß sie einen Anfang hatte.

Wenn die Welt aus ihrer eigenen Macht und aus der Macht Gottes ewig und beständig wäre, würde es einen viel größeren Nachteil darstellen, wenn sie in Raum-Maß, Zeit und Beständigkeit ein Ende hätte, als wenn sie einen Anfang hat und von

Gott erschaffen ist. Und um so größer wäre der Nachteil für die Welt, wenn sie ein Ende hätte und ins Nicht-Sein versänke, und um so weniger offenkundig würde die Größe der göttlichen Macht sein, die die Welt vernichten kann, als dies der Fall ist, wenn die Welt einen Anfang hatte und erschaffen wurde. Denn es ist naheliegender, daß etwas nicht ist, was aus dem Nicht-Sein gekommen ist, als daß etwas ewig ist, das Nicht-Sein gewesen ist. Um so naheliegender es also ist, nicht zu sein – und die göttliche Macht hindert es daran, wieder ins Nicht-Sein zu versinken –, eine um so größere Macht offenbart sich darin in Gott, insofern als er, der es ins Nichts zurückversenken kann, es dennoch davor bewahrt. Und je größer die Macht ist, desto deutlicher zeigt sich die größere Güte, die in Gott ist.

Viel absonderlicher, abwegiger und vernunftwidriger ist die Annahme, daß die Güte und die Macht Gottes, die eine Einheit sind zusammen mit der Ewigkeit, die weder Anfang noch Ende haben kann, ein Nicht-Sein werden könnten, als es die Vorstellung wäre, daß zu Nicht-Sein wird, was aus dem Nicht-Sein hervorgebracht und erschaffen wurde. Nun, ausgehend von der Annahme, daß die Macht Gottes so groß ist, daß er die Welt vernichten kann – vorausgesetzt, diese ist ewig –, liegt die Vorstellung nahe, Gott könne auch nicht-sein, selbst wenn er ewig ist. Und bei der Annahme, die davon ausgeht, daß die Welt erschaffen wurde und daß Gott ihr ein Ende setzen kann, da er sie aus dem Nichts erschaffen hat, liegt die Vorstellung fern, daß Gott nicht-sein könnte. Da schließlich die Annahme, die uns am meisten von der großen göttlichen Macht überzeugt, die naheliegendste ist, kann kein Zweifel darüber bestehen, daß die Welt durch die große göttliche Macht erschaffen wurde."

ÜBER VOLLKOMMENHEIT UND NÄCHSTENLIEBE

„Vollkommenheit und Nächstenliebe bedeuten bei den Dingen dieser Welt, daß die Welt erschaffen wurde; denn das Feuer und die übrigen Elemente streben nach ihrer Vollkommenheit, indem sie diejenigen Dinge zeugen und zersetzen, die ihre Vollkommenheit nicht erlangen. Deswegen tun sie Tag und Nacht nichts anderes als aus natürlichem Antrieb zeugen und zersetzen, was ihre Erfüllung bedeutet. Wenn nun aber die Welt ewig, ohne Anfang wäre, so gäbe es auch ewig und ohne Anfang den Verfall in den natürlichen Grundantrieb und es gäbe Zeugung und Verderb; es gäbe keinen ersten Menschen, keinen ersten Baum, kein erstes Tier, keinen ersten Vogel, und Entsprechendes gilt für alle übrigen Dinge. Wenn es kein erstes bei den soeben genannten Dingen gäbe, wäre es unmöglich, daß es ein letztes gäbe; und wenn es dies nicht gäbe, behielten die Elemente für immer ihre Unvollkommenheit, die gleichermaßen eine ewige Ursache für die Unvollkommenheit und für die angestrebte Vollkommenheit wäre; dieses Streben wäre unvollkommen, wenn es ein ewiges Streben wäre, das niemals seine Erfüllung erreichen würde. Da aber dies abwegig ist, entsprechend der göttlichen Vollkommenheit und Liebe, beweist dies, daß die Welt erschaffen wurde und daß die Unvollkommenheit einen Anfang hatte, und dadurch offenbart sich die Erfüllung."

Der Jude sagte zum Heiden: „Wir haben nun anhand der Natur der Körper dargelegt und bewiesen, daß die Welt erschaffen wurde. Jetzt wollen wir dies anhand der Natur des Geistes beweisen, das heißt durch die Seele. Es ist dem menschlichen Verstand offenbar, daß die rationale Seele auf dieser Welt keine Befriedigung erlangen kann. Auf dieselbe Weise wie die Elemente sich körperlich bewegen im Streben nach ihrer Erfüllung und diese, wie wir weiter oben gesehen haben, nicht finden, so strebt auch die Seele nach ihrer geistigen Erfüllung, ohne diese zu finden. Denn sobald sie erreicht hat, wonach sie immer strebte, trachtet sie auch schon nach etwas Neuem. Da aber dies eine Unvollkommenheit in der Nächstenliebe ist, bedeutet es, daß die Seele erschaffen wurde; denn wäre sie ewig, würde sie ohne Unvollkommenheit sein; wenn sie es aber nicht wäre, wäre die höchste Vollkommenheit und Liebe, das heißt Gott, Ursache ewiger Unvollkommenheit; dies ist jedoch unmöglich und widerspricht den Bedingungen der Bäume. Diese Unmöglichkeit und dieser Widerspruch beweisen, daß die Seele erschaffen wurde. Und durch die Schöpfung der Seele wird bewiesen, daß die körperliche Natur erschaffen wurde; denn wenn die Seele, die edlerer Natur ist als der Körper, erschaffen wurde, um wieviel zwingender ist dann die Annahme, daß der Körper eine Schöpfung ist! Denn wäre er es nicht, dann stünde das Erhabenere in Einklang mit dem Nicht-Sein und das weniger Erhabene stünde in Einklang mit dem Sein und mit der Ewigkeit; dies widerspricht aber der vollkommenen Liebe Gottes, unseres Herrn."

ÜBER VOLLKOMMENHEIT UND GERECHTIGKEIT

„In Gott stehen Vollkommenheit und Gerechtigkeit in Einklang. Da es nun ... die Auferstehung gibt, bedeutet dies durch die Auferstehung und durch die oben beschriebene Blüte, daß die Welt erschaffen wurde. Denn wenn die Welt ewig wäre, müßte Gott ewig Urstoff erschaffen, aus dem der rationale Körper geschöpft würde; denn der Urstoff dieser Welt würde nicht für so viele lebendige, auferstandene Körper ausreichen, die Verdienste oder Schuld hätten, wegen deren sie nach der vollkommenen Gerechtigkeit Gottes wiederauferweckt werden müßten. Und da es abwegig ist anzunehmen, daß Gott den Urstoff unendlich vermehrt, wie auch den Raum, den er benötigt, oder daß Gott keine vollkommene Gerechtigkeit hat, so ist es ebenfalls absurd, die Schöpfung zu verleugnen und zu behaupten, die Welt sei ewig, ohne Anfang. Es ist dies ein Leugnen, das in Abrede stellt, daß die Welt eine endliche Größe hat und daß sie sich in einem endlichen Raum befindet; es ist dies ein Leugnen, das die Behauptung nach sich zieht, Gott sei in Ewigkeit Schöpfer von Seelen, Körpern und Räumen, die unendlich an der Zahl sind. Dies ist unmöglich, verstößt gegen die Bedingungen der Bäume und ist in sich widersprüchlich."

ÜBER EWIGKEIT UND HOCHMUT

„Wenn Ewigkeit und Hochmut in Einklang miteinander stünden, würde daraus folgen, daß Ewigkeit und Hochmut gegenüber der Demut miteinander in Einklang stünden, die ihrerseits mit Güte, Größe, Macht, Weisheit, Liebe und Vollkommenheit in Einklang steht, was jedoch unmöglich ist. Diese Unmöglichkeit zeigt, daß Ewigkeit und Hochmut nicht miteinander in Einklang stehen. Diese Unverträglichkeit beweist wiederum, daß die Natur, die dem Hochmut unterworfen ist, das heißt die menschliche Natur, mit der Ewigkeit nicht in Einklang steht; diese Unverträglichkeit schließlich zeigt, daß die Welt erschaffen wurde."

Der Heide antwortete: „Demut und Hochmut sind einander entgegengesetzt, und der Mensch ist der Demut unterworfen. Daher ist, wenn die menschliche Natur mit der Ewigkeit in Einklang steht, die ihrerseits mit der Demut in Einklang steht, der Mensch aufgrund der Demut ewiger Natur und aufgrund des Hochmuts geschaffener Natur."

Der Jude antwortete: „Das, worin die göttliche Ewigkeit mit der Demut im Menschen in Einklang steht, ergibt sich aus dem Gnadengeschenk, das dem Menschen anstatt der Strafe für den Hochmut verliehen wurde. Damit ist eine Ewigkeit gemeint, die im Lateinischen *aevum* genannt wurde, eine Ewigkeit, die einen Anfang, aber kein Ende hat, die von der höchsten Ewigkeit, die weder Anfang noch Ende hat, erschaffen wurde. Diese hat jene erschaffen, um den Menschen für seine Demut zu belohnen und ihn für seinen Hochmut zu bestrafen, damit der Mensch in Ewigkeit, ohne Ende, Kenntnis von den Blüten des ersten Baumes haben wird.

Wenn die Welt ewig wäre, würde der Mensch auch ewiger Natur und an einem ewigen Ort sein; und die Ewigkeit Gottes wäre nicht dem Hochmut und dem hochmütigen Menschen entgegengesetzt, wie es der Fall ist, wenn die Welt erschaffen wurde; denn der Hochmut, der Mensch, seine Natur und der Ort, wo er sich befindet, wären in ihrer Beständigkeit der Ewigkeit Gottes gleich. Da außerdem das, wodurch die Tugendattribute Gottes den Lastern noch mehr entgegengesetzt sind, entsprechend den Bedingungen des dritten Baumes verliehen werden muß, und da, wenn die Welt erschaffen wurde, die Attribute Gottes sich deutlicher im Gegensatz zum Hochmut zeigen, als wenn die Welt ewig wäre, darum ist es offensichtlich, daß die Welt erschaffen wurde."

ÜBER HOFFNUNG UND NÄCHSTENLIEBE

„Wenn die Welt erschaffen wurde, ist die Übereinstimmung zwischen Hoffnung und Nächstenliebe in der Liebe zu Gott und dem Vertrauen in ihn größer, und diese Attribute stehen noch viel mehr im Gegensatz zu ihren Gegensätzen, die Laster sind, als dies der Fall ist, wenn die Welt ewig ist. Denn eine viel größere Gnade hat Gott dem Menschen erwiesen, indem er ihm das, was er ißt, trinkt und für seine Bedürfnisse braucht, gegeben hat – das heißt einem Sein, das nichts von einem ewigen Sein hatte –, als es der Fall wäre, wenn der Mensch und die Dinge, die er braucht, ewiges Sein wären. Und je größer die Gnade ist, die Gott dem Menschen erwiesen hat, desto größer kann auch die Liebe des Menschen zu Gott sein: je größer schließlich die Liebe ist, die der Mensch Gott entgegenbringen kann und soll, desto größer ist die Hoffnung, die er in Gott setzen kann und soll; und je größer die Hoffnung und die Liebe im Menschen sein können und sein sollen, desto größer kann und soll auch die Liebe Gottes zum Menschen sein. Dies bedeutet jedoch keinerlei Inkonsequenz dafür, daß die Welt erschaffen wurde. Wenn aber die Welt ewig ist, hat dies Inkonsequenzen und Widersprüche zur Folge; diese Inkonsequenzen und Widersprüche hätten ihrerseits zur Folge, daß die Welt nicht ewig ist. Nun, wenn das nicht so wäre, würde dies bedeuten, daß Hoffnung und Liebe mit dem Nicht-Sein und mit dem Verfall in Einklang stünden und daß ihr jeweiliges Gegenteil mit Sein und Vollkommenheit in Einklang stehen würde. Das aber ist unmöglich und verstößt gegen die Bedingungen des vierten Baumes."
[...]

DRITTES BUCH
VOM GLAUBEN DER CHRISTEN

Hier beginnt das dritte Buch, das vom Glauben der Christen handelt.

„Wer von euch beiden wird als erster sprechen?" fragte der Heide. Der Jude antwortete: „Der Ordnung halber soll der Christ den Anfang machen, da seine Religion älter als die der Sarazenen ist." So forderte der Heide den Christen auf, damit zu beginnen, seine Religion und die Artikel, an die er glaubte, zu beweisen. Der Christ antwortete, indem er den Sarazenen fragte, ob es ihm recht sei, wenn nach dem Wunsche des Juden er beginne, worauf die Antwort des Sarazenen lautete, daß er damit einverstanden sei.

Der Christ kniete nieder, küßte die Erde und wandte seine Gedanken Gott zu, den Blick und die Hände gen Himmel gerichtet. Er schlug das Kreuz über sein Antlitz und sprach dabei die folgenden Worte: „Im Namen des Vaters, des Sohnes und des Heiligen Geistes, ein Gott in der Dreifaltigkeit und die Dreifaltigkeit in der Einheit." Nach seiner Ehrerbietung gegenüber der göttlichen Einheit und Dreifaltigkeit bekreuzigte der Christ sich von neuem und sprach zur Ehre der Menschheit Christi die folgenden Worte: „Adoramus te, Christe, et benedicimus tibi, quia per crucem tuam redemisti mundum."

Als der Christ sein Gebet verrichtet hatte, sagte er, die Artikel seines Glaubens seien vierzehn an der Zahl, deren sieben die göttliche und sieben die menschliche Natur Christi beträfen. „Diejenigen, die von der göttlichen Natur handeln, sind die folgenden: Ein Gott, Vater, Sohn, Heiliger Geist, Schöpfer, Wiederschöpfer, Glorifizierender. Die sieben Artikel, die das Menschsein Christi betreffen, sind die folgenden: Jesus Christus, empfangen durch den Heiligen Geist, von einer Jungfrau geboren, gekreuzigt und gestorben, hinuntergefahren zur Hölle, wiederauferstanden, zum Himmel aufgefahren, wird am Tage des Letzten Gerichts kommen, um die Guten und die Bösen zu richten."

Bevor der Christ mit der Beweisführung seiner Artikel begann, richtete er die folgenden Worte an den Heiden: „Du mußt wissen, Heide, daß die Artikel unseres Glaubens so erhaben und so schwierig zu glauben und zu verstehen sind, daß du sie nicht zu verstehen vermagst, wenn du nicht alle Kräfte deines Verstandes und deiner Seele zusammenraffst, um die Argumente zu verstehen, anhand derer ich die zuvor genannten Artikel zu beweisen beabsichtige. Da es oft geschieht, daß man ausreichende Beweise für etwas anführt, doch derjenige, für den die Beweisführung bestimmt ist, sie nicht verstehen kann, erscheint es diesem so, als wäre man nicht in der Lage, das zu Beweisende zu beweisen."

VOM ERSTEN ARTIKEL
ÜBER DEN EINEN GOTT

„Gott ist eins, und wir glauben an den einen Gott; und von diesem Gott sagen wir, daß er einfach und vervollkommnet ist und die Erfüllung alles Guten; und in ihm sind alle Blüten des ersten Baumes. Nun, all diese Erhabenheit, die die Juden und die Sarazenen der Einheit Gottes beimessen und zuschreiben können, wird ihr von den Christen auch beigemessen und zugeschrieben, in sogar noch viel größerem Maße, als ihr von den Juden und von den Sarazenen je beigemessen und zugeschrieben werden könnte; und zwar deswegen, weil sie nicht an die Heilige Dreifaltigkeit Gottes und an die glorreiche Fleischwerdung des Sohnes Gottes glauben. Was nun den Beweis des einen Gottes betrifft, so hat dies der Jude schon sehr überzeugend dargelegt; wenn du aber willst, daß ich es durch viele weitere Argumente beweise, so bin ich dazu in der Lage."

Der Heide antwortete: „Die Beweisführung des Juden über die Einheit Gottes befriedigt mich völlig, so daß du den ersten Artikel nicht mehr zu beweisen brauchst, da er schon bewiesen wurde. Du kannst daher damit beginnen, die übrigen Artikel zu beweisen."

VOM ZWEITEN, DRITTEN UND VIERTEN ARTIKEL
ÜBER DIE DREIFALTIGKEIT

„Um die Dreifaltigkeit in Gott zu beweisen, pflücken wir zunächst diejenige Blüte der Güte und Größe vom ersten Baum, anhand der wir entsprechend den Bedingungen der fünf Bäume beweisen werden, daß es sich notwendigerweise ergibt, daß Gott in der Dreifaltigkeit existiert. Indem wir nun die Dreifaltigkeit beweisen, werden wir auch drei Artikel beweisen, nämlich Vater, Sohn und Heiliger Geist; und schließlich werden wir beweisen, daß diese drei Artikel eine Essenz und ein Gott sind."

ÜBER GÜTE UND GRÖSSE

„Die Güte Gottes ist entweder endliche oder unendliche Ewigkeit, Macht, Weisheit und Liebe. Wenn sie nun endlich ist, ist sie der Vollkommenheit entgegengesetzt; ist sie aber unendlich, steht sie mit der Vollkommenheit in Einklang. Da es jedoch nach den Bedingungen der Bäume unmöglich ist, daß die Güte und die Größe Gottes der Vollkommenheit in Ewigkeit, Macht, Weisheit und Liebe entgegengesetzt sind, ist offensichtlich, daß die Güte und die Größe Gottes unendliche Ewigkeit, unendliche Macht, unendliche Weisheit, Liebe und Vollkommenheit sind.

Fest steht, daß das Gute, je größer es ist, um so mehr mit der Vollkommenheit in Ewigkeit, Macht, Weisheit und Liebe in Einklang steht; und je geringer das Gute ist, um so mehr nähert es sich der Unvollkommenheit, die der größte Gegensatz zur Vollkommenheit ist. Wenn nun in Gott ein zeugendes Gut ist, das unendliche Güte, Größe, Ewigkeit, Macht, Weisheit, Liebe und Vollkommenheit ist, das Zeuger eines Gutes ist, das in Güte, Größe, Macht, Weisheit, Liebe und Vollkommenheit unendlich ist, und wenn aus dem zeugenden und dem gezeugten Gut ein Gut hervorgeht, das in Güte, Größe, Macht, Weisheit, Liebe und Vollkommenheit unendlich ist, dann ist auch die Blüte in Gott, das heißt in Güte und Größe, größer, als sie es wäre, wenn das zuvor Genannte nicht in Gott wäre. Denn jedes der drei eben besprochenen Güter ist wegen all der Blüten des Baumes so gut und so groß, wie es die Ewigkeit Gottes wäre, wenn in ihr keine Dreifaltigkeit wäre. Und da entsprechend den Bedingungen des Baumes Gott die größte Güte zugeschrieben und anerkannt werden muß, ist die Dreifaltigkeit nach dem, was zuvor gesagt worden ist, noch offensichtlicher."

Der Heide sagte zum Christen: „Aus dem, was du sagst, folgt, daß die Einheit Gottes von noch größerer Güte wäre, wenn es vier, fünf oder unendlich viele jener Götter gäbe, von denen du sprichst, als sie es ist, wenn es nur drei gibt; denn Güte und Größe passen besser zu der Zahl Vier als zu der Zahl Drei, zu der Zahl Fünf besser als zu der Zahl Vier und zu einer unendlichen Zahl besser als zu einer endlichen. Wenn es sich also so verhält, wie du sagst, müssen in Gott unendlich viele Güter sein, zeugende, gezeugte und hervorgebrachte."

Der Christ antwortete: „Wenn es in Gott mehr als einen Zeuger, Gezeugten und Hervorgebrachten gäbe, dann wäre der eine Zeuger nicht unendlich in Güte, Größe, Ewigkeit, Macht, Weisheit, Liebe und Vollkommenheit, denn er würde sich als Zeuger nicht selbst genügen, um ein Gut zu zeugen, das ausreichen würde, um eine unendliche Güte, Größe, Weisheit, Liebe und Vollkommenheit zu zeugen; noch würden der eine Zeuger und der eine Gezeugte genügen, um unendliche Güte, Größe usw. dem einen Hervorgebrachten zu erweisen, noch gäbe es irgend jemand oder irgend etwas unter all den Zeugern, Gezeugten und Hervorgebrachten, die unendlich an der Zahl wären, das Vollkommenheit in Güte, Größe, Ewigkeit, Macht usw. hätte. Denn in der unendlichen Zahl kann es keine Vollkommenheit geben, ebenso wie das Vervielfachen einer unendlichen Zahl und die Vollkommenheit nicht in Einklang zu bringen sind. Nun, wenn dies so wäre, würde entsprechend der Vollkommenheit der Blüten die Unvollkommenheit in Gott sein, und die Blüten stünden im Gegensatz zueinander, wenn in Gott unendlich viele Zeuger, Gezeugte und Hervorgebrachte wären."

Der Heide sagte: „Die Zahl Vier, Fünf oder Tausend kann ein größeres Gut in sich bergen als die Zahl Drei. Wenn also vier, fünf oder tausend Güter in Gott sind, so wird natürlich die Güte Gottes auch größer sein, als wären es deren nur drei."

Der Christ antwortete dem Heiden: „Dieses Problem kann auf dieselbe Weise gelöst werden wie weiter oben, denn in Gott kann nicht mehr als ein Zeuger, ein Gezeugter und ein Hervorgebrachter sein, da jeder dieser drei Güte, Größe usw. in Perfektion und Vollkommenheit ist. Wenn es aber mehr als drei wären, hätte keiner der drei die Perfektion als Eigenschaft noch die perfekte Güte, Größe, Ewigkeit usw. Denn so wie es nicht viele Götter geben kann und ein Gott genügt, um über die ganze Güte, Größe usw. zu verfügen, die sie sonst alle zusammen hätten – wobei er sogar über noch viel mehr verfügen kann, als sie zusammen hätten –, genügt auch ein Zeuger, um über all die Güte, Größe usw. zu verfügen, die zwei oder drei Zeuger zu haben vermöchten, ja sogar über viel mehr noch, als sie je haben könnten: Denn wären es zwei oder drei Zeuger, so könnten sie nicht alle zusammen die unendliche Güte, Größe, Ewigkeit, Macht usw. besitzen; nur einer könnte sie nämlich haben. Dasselbe gilt für zwei oder mehr Gezeugte und für zwei oder mehr Hervorgebrachte."

Der Heide sagte zum Christen: „Genau dasselbe ist aus der Einheit Gottes zu folgern, denn wenn die Einheit von sich selbst aus nicht genügt, um ohne drei verschiedene göttliche Personen unendlich in Güte, Größe usw. zu sein, so bedeutet dies eine beachtliche Schwächung ihrer Güte, Größe usw."

Der Christ antwortete: „Das ist nicht wahr, denn wenn in Gott nicht verschiedene persönliche Eigenschaften wären, würde in ihm auch nicht dieses Werk sein, durch das unendliches Gut an Größe, Ewigkeit usw. aus unendlichem Gut an Größe, Ewigkeit usw. gezeugt würde. Ebensowenig würden die Blüten der Bäume, wenn in Gott nicht das an Größe, Ewigkeit usw. unendliche Gut wäre, das aus dem unendlichen zeugenden Gut und aus dem unendlichen gezeugten Gut stammt, in ihrer Vollkommenheit dienen, und dies wäre eine große Schwäche des zuvor besprochenen Werkes in der Einheit Gottes; dieses Werk ist unendlich in Güte, Größe usw.; dieses Werk und die drei verschiedenen Personen, die jeweils ihre verschiedene persönliche Eigenschaft haben, die in Güte, Größe usw. unendlich ist, sind die göttliche Einheit selbst, die eine einzige in der Essenz und zugleich eine Dreiheit in der Person ist. Und da das Sein und ein so herrliches Werk wie das oben besprochene miteinander in Einklang stehen und da die Entbehrung dieses Werks und das Nicht-Sein miteinander in Einklang stehen und da ein Sein, in dem ein gutes Werk ist, mit Erhabenerem in Einklang steht als ein Sein, in dem dieses Werk nicht ist, und da der Wesenheit Gottes das Erhabenere zuzusprechen und zu verleihen ist, aus all dem ist notwendigerweise zu folgern, daß in Gott das Werk in der Dreifaltigkeit ist; denn wenn dem nicht so wäre, würde dies einen Widerspruch in den Blüten des ersten Baumes bedeuten, und das ist unmöglich. Durch diese Unmöglichkeit läßt sich die Dreifaltigkeit schlüssig beweisen."

ÜBER MACHT UND WEISHEIT,
ÜBER MACHT UND LIEBE
UND ÜBER WEISHEIT UND LIEBE

„Um die Dreifaltigkeit zu beweisen, muß ich die oben genannten drei Blüten gemeinsam vom ersten Baum pflücken. Es besteht kein Zweifel darüber, Heide, daß die Sonne Licht und das Feuer Hitze ausstrahlen müssen. Und weißt du auch, warum? Der Grund ist, daß die Sonne aus ihren eigenen Strahlen besteht, so wie das Feuer aus seiner eigenen Hitze besteht. Wenn nun die Sonne nicht Licht und das Feuer nicht Hitze ausstrahlen würden, stünden die Sonne und das Feuer nicht mehr in Einklang mit dem, woraus sie bestehen; und dies ist unmöglich. Wäre es nämlich möglich, so würden beide mit Zerfall und Entbehrung in Einklang stehen, und zwar wegen der Unvereinbarkeit ihres Gebrauchs mit sich selbst. Dies ist jedoch unmöglich und verstößt gegen die Regeln der Philosophie, in der du als Magister ausgewiesen bist.

Gott, der gesegnet sei, ist seine eigene Macht, seine eigene Weisheit und seine eigene Liebe. Wenn nun also von der Sonne und vom Feuer, die Geschöpfe sind, nach dem, was wir oben gesagt haben, Gebrauch zu machen ist, wieviel zwingender ist es dann, daß von den genannten Blüten Gebrauch zu machen ist, daß also Gott von der Macht, der Weisheit und der Liebe in seinen Geschöpfen Gebrauch macht! Denn wenn er das nicht täte, würde daraus folgen, daß die Sonne und das Feuer mit der Vollkommenheit in Macht besser in Einklang stehen würden als die Macht, die Weisheit und die Liebe Gottes; das aber ist unmöglich. Diese Unmöglichkeit beweist, daß, wenn die oben besprochenen Abteilungen, also die Blüten, von den Geschöpfen Gebrauch machen müssen, daß es dann um so naheliegender ist, daß sie von sich selbst Gebrauch machen, das heißt sich selbst von Nutzen sind! Wenn dies aber nicht der Fall wäre, müßte daraus gefolgert werden, daß Gott besser in Einklang stünde mit einem Werk, das sich außerhalb seiner selbst befindet, als mit einem Werk, das sich innerhalb seiner selbst befindet; dies ist aber unmöglich. Diese Unmöglichkeit beweist, daß zwangsweise die göttliche Macht ermächtigt, die göttliche Weisheit weise macht und die göttliche Liebe liebt, und zwar jeweils in unendlicher Güte, Größe, Ewigkeit, Macht, Weisheit, Liebe und Vollkommenheit. Diese Zwangsläufigkeit wäre nicht denkbar ohne die Unterscheidung persönlicher Eigenschaften, die sich voneinander unterscheiden und doch zusammen eine einzige göttliche Essenz bilden, die unendlich in Güte, Größe, Ewigkeit, Macht, Weisheit usw. ist, und ohne daß diese Wesenheit die drei persönlichen Eigenschaften verkörperte, die sich voneinander unterscheiden durch persönliche, essentielle und zeugende Zeugung, durch persönliche, essentielle und gezeugte Zeugung und schließlich durch persönliche, essentielle und hervorgegangene Hervorbringung, wobei jede von ihnen über alle Blüten des ersten Baumes verfügt und sie gleichzeitig zusammen eine Blüte bilden, die alle Blüten des Baumes einschließt. Nun, da es sich so verhält, ist dies aufgrund der oben erwähnten Zwangsläufigkeit Beweis und Zeugnis für die Heilige Dreifaltigkeit, nach der wir gesucht haben." [...]

VIERTES BUCH
VOM GLAUBEN DER SARAZENEN

Hier beginnt das vierte Buch, das vom Glauben der Sarazenen handelt.

Als der Sarazene sah, daß es für ihn an der Zeit war, nun seinerseits das Wort zu ergreifen, ging er zu der Quelle und wusch sich die Hände, das Gesicht, die Ohren, die Nase und den Mund; danach wusch er sich die Füße und einige anderen Körperteile zum Zeichen der Erbsünde und der Reinheit seines Herzens. Daraufhin verneigte er sich bis zur Erde und kniete dreimal nieder; dabei berührte sein Haupt die Erde, und er küßte sie; sein Herz, seine Hände und seine Augen waren gen Himmel gerichtet, und er sprach die folgenden Worte: „Im Namen Gottes, des Barmherzigen, des Barmherzigkeit Spendenden, der zu preisen ist, da er Herr der Welt ist. Ihn verehre ich, und in ihn vertraue ich, denn er führt uns auf dem rechten Weg des Heils." Viele anderen Worte sprach der Sarazene noch, so wie er dies in seinen Gebeten zu tun pflegte.

Als er sein Gebet verrichtet hatte, sagte der Sarazene zum Heiden, daß die Artikel seines Glaubens zwölf an der Zahl seien, und zwar die folgenden: An einen Gott glauben. Der Schöpfer. Mohammed ist der Prophet. Der Koran ist das von Gott gegebene Gesetz. Der verstorbene Mensch wird nach der Beerdigung vom Engel gefragt, ob Mohammed der Prophet Gottes sei. Alle Dinge sterben außer Gott. Auferstehung. Mohammed wird am Tage des Letzten Gerichts Beachtung finden. Wir werden Gott am Tage des Letzten Gerichts Rechenschaft ablegen. Die guten und die schlechten Werke werden gegeneinander aufgewogen werden. Alles wird diesen Weg gehen müssen. Der zwölfte Artikel schließlich beinhaltet den Glauben an die Existenz von Paradies und Hölle.

VOM ERSTEN ARTIKEL
AN EINEN GOTT GLAUBEN

Während der Sarazene sich in den Bäumen umsah, um die Blüten auszusuchen, die er brauchte, um zu beweisen, daß es den einen Gott gibt, sagte der Heide zu ihm: „Es ist nicht nötig, die Existenz des einen Gottes zu beweisen, da der Jude dies schon überzeugend genug getan hat." Doch der Sarazene antwortete ihm, er wolle beweisen, daß Gott weder teilbar noch in Teile aufgeteilt, noch zusammengesetzt ist. „Auf jeden Fall ist Gott der eine, ohne daß in ihm Dreifaltigkeit noch Pluralität sein könnten; denn wenn dies in ihm wäre, müßte er zusammengesetzt sein, und seine Güte, Größe, Ewigkeit, Macht, Weisheit und Liebe wären der Vollkommenheit entgegengesetzt; da aber dies unmöglich ist, wird somit bewiesen, daß in Gott keine Dreifaltigkeit ist."

Als der Sarazene diese Worte ausgesprochen hatte, wollte der Christ ihm antworten; doch da wandte der Heide ein, daß er nicht an der Reihe sei, sondern daß vielmehr er selbst dem Sarazenen eine Antwort geben werde. So sagte der Heide zum Sarazenen: „Du wirst dich daran erinnern, daß ich ebendiese Frage, die du stellst, bereits an den Christen gerichtet habe. Nun, aus dem, was du sagst, und aus dem, was ich vom Christen gehört habe, entnehme ich, daß der Christ auf eine bestimmte Art an die göttliche Dreifaltigkeit glaubt und daß du der Meinung bist, er glaube auf eine andere Art. Deswegen scheint es mir, daß ihr mit den Christen hinsichtlich eines einzigen Glaubens und einer einzigen Religion keine Übereinkunft erzielen könnt. Doch lassen wir diesen Punkt jetzt beiseite, und mach du dich jetzt daran, deine Artikel zu beweisen, denn über diesen ersten Artikel brauchen keine weiteren Worte verloren zu werden."

VOM ZWEITEN ARTIKEL
DER SCHÖPFER

Der Sarazene wollte beweisen, daß Gott der Schöpfer der Welt und aller Dinge ist. Der Heide aber sagte zu ihm, daß es nicht nötig sei, noch einmal zu beweisen, daß Gott der Schöpfer ist, da der Jude dies bereits zur Genüge bewiesen habe. „Doch ich möchte dich bitten, mir zu sagen, ob Gott das Böse, die Schuld oder die Sünde erschaffen hat."

Der Sarazene antwortete: „Wir glauben, daß Gott alle Dinge erschaffen hat, und wir glauben auch, daß Gott das Böse, das Gute, die Schuld, die Sünde und die Verdienste erschaffen hat und daß alle Dinge von Gott her kommen oder gekommen sind. Denn wenn es etwas gäbe, das von einem anderen erschaffen oder hergekommen wäre, dann würde es zwei Götter geben, und das ist unmöglich; durch diese Unmöglichkeit wird bewiesen, daß alles Gute und alles Böse von Gott gekommen ist."

Der Heide sagte zum Sarazenen: „Eine der Bedingungen des zweiten Baumes ist, daß die Blüten des ersten und des zweiten Baumes einander nicht widersprechen dürfen. Wenn nun wahr wäre, was du sagst, so wäre daraus zu folgern, daß der Wille Gottes der Gerechtigkeit entgegengesetzt sein würde und mit der Ungerechtigkeit in Einklang stünde. Denn wenn Gott die Sünde erschaffen hat, dann muß er sie gern und willentlich erschaffen haben; hätte er sie nämlich nicht gewollt, hätte er sie auch nicht erschaffen. Und wenn er Sünde und Schuld erschaffen hat, dann bestraft er zu Unrecht diejenigen, die er in die Hölle verbannt, da sie ja nur die Sünde begangen haben, die er erschaffen hat. Und da es unmöglich ist, daß die Blüten des ersten und des zweiten Baumes sich widersprechen, ist es auch unmöglich, daß Gott die Sünde erschaffen hat."

Der Sarazene antwortete: „Du weißt, Heide, daß in Gott – gelobt sei er! – die vollkommene Weisheit ist ... Nun, wenn in Gott die vollkommene Weisheit ist, so folgt daraus, daß Gott die Sünde schon kannte, bevor die Welt existierte, und daß er wußte, daß, wenn er die Welt erschaffen würde, der Mensch sündigte. Und da Gott dies wußte und er den Menschen und die

Welt schuf, ist offenbar, daß Gott die Sünde schuf und damit die Gelegenheit bot, daß gesündigt würde."

Der Heide antwortete, indem er das folgende sagte: „Gott ist in seiner Macht und in seinem Wissen vollkommen, denn wenn er es nicht wäre, hätte auch die Größe seiner Macht und seines Wissens eine Grenze und ein Ende; da sie aber kein Ende hat, wird durch seine unendliche Macht und durch sein unendliches Wissen offenkundig, daß Gott um die Sünde wissen kann, ohne daß sein Wissen noch seine Macht, noch sein Wille Anlaß zur Sünde gäben. Und wenn Gott nicht eine solch große Macht hätte, aufgrund deren er es wissen könnte, ohne dadurch Anlaß zum Sündigen geben zu wollen, dann hätten weder seine Macht noch sein Wissen, noch sein Wille Vollkommenheit. Doch lassen wir diese Frage auf sich beruhen, und gehen wir zur Beweisführung der übrigen Artikel über, denn zu diesem Artikel möchte ich keine weiteren Fragen stellen." [...]

VOM SECHSTEN ARTIKEL
ÜBER DEN TOD ALLER DINGE AUSSER GOTTES
ÜBER MACHT UND VOLLKOMMENHEIT

Der Sarazene sagte zum Heiden: „Wir glauben, daß alle Dinge sterben außer Gott; das heißt Menschen, Engel, Dämonen und alle lebendigen Dinge. Dieser Tod wird stattfinden, wenn die Trompete des Engels Seraphim ertönen und dieser selbst sterben wird. Und nichts von alledem, was lebt, wird am Leben bleiben, außer Gott allein. Nun, um diesen Artikel zu beweisen, muß die oben genannte Blüte herangezogen werden; denn wenn alle lebendigen Dinge sterben, so werden dadurch die Macht und die Vollkommenheit in Gott noch deutlicher; denn in etwas, das unsterblich ist, ist größere Macht und größere Vollkommenheit als in etwas, das sterblich ist, da Sterblichkeit Unvollkommenheit und Unsterblichkeit Vollkommenheit bedeuten. Und da das, wodurch die Macht und die Vollkommenheit Gottes mit dem Erhabeneren in Einklang stehen, entsprechend den Bedingungen der Bäume verliehen werden muß, wird somit bewiesen, daß alle Dinge sterben müssen und werden, mit der einzigen Ausnahme Gottes."

Der Heide sagte: „So, wie ich es verstanden habe, sind die Bedingungen der Bäume so angelegt, daß, wenn auf die eine Art und Weise oder durch eine Blüte eine größere Erhabenheit in Gott dargestellt wird, daß dann durch eine andere, der ersten entgegengesetzten, Art und Weise oder Blüte eine geringere Erhabenheit dargestellt wird. Nun, wenn alle Dinge sterben, dann stimmt es zwar, daß die Macht und die Vollkommenheit Gottes größer erscheinen werden im Sinne der Anwendung dieser vollkommenen, unsterblichen Macht. Da aber die Engel und die Seelen der Heiligen, die nicht den Tod, sondern das Leben verdienen, sterben werden, so verstößt doch die Vollkommenheit Gottes hier gegen Gerechtigkeit und Güte, da der Tod bekanntlich Leiden und Pein mit sich bringt, die nicht ohne Schuld auftreten können. Da es also unmöglich ist, daß die göttliche Vollkommenheit der Gerechtigkeit und der Güte Gottes widerspricht, ist das, was du sagst, ganz offensichtlich nicht wahr."

Der Sarazene antwortete: „Was du sagst, würde stimmen, wenn Gott die Engel und die Seelen nicht wieder ins Leben zurückriefe. Da aber alle wieder lebendig werden und Gott ihnen das ewige Leben schenkt, fügt er ihnen mit dem Tode ja kein Unrecht zu; im Gegenteil, er würde sich selbst Unrecht tun, wenn er seine Fähigkeiten nicht auf seine Geschöpfe anwenden würde, um sie so in noch größerer Erhabenheit und Vollkommenheit erscheinen zu lassen."

Da sagte der Heide: „Der Tod ist die Trennung von Körper und Seele. Wenn aber doch die Engel keinen Körper haben, wie sollen sie da sterben können?"

Der Sarazene antwortete: „Die Engel werden sterben, indem sie zu nichts werden, und das ist es ja, was ‚sterben' bedeutet."

Der Heide antwortete: „Wenn sie zu nichts werden, befindet sich Gott im Widerspruch zu dem, was mit dem Sein in Einklang steht, da ja auch die guten Engel, weil sie Gott dienen, das Sein verdienen. Wenn sie aber nichts sind, stehen die Attribute Gottes mit dem Nicht-Sein gegenüber dem Sein in Einklang; und das ist unmöglich."

ÜBER VOLLKOMMENHEIT UND GERECHTIGKEIT

Der Sarazene sagte zum Heiden: „So wie Gold und Silber im Feuer gereinigt werden, so werden auch die Heiligen im Tode gereinigt; denn jegliches Laster und jegliche Unvollkommenheit werden im Tode vernichtet werden; und es wird ein Tod aus Gerechtigkeit sein, eine Gerechtigkeit, in der ihre Vollkommenheit geläutert werden wird. Um nun zu beweisen, daß die Vollkommenheit Gottes mit der Gerechtigkeit und mit der Läuterung der Engel und der Heiligen in Einklang steht, will Gott natürlich, daß alle Dinge sterben.

Es steht fest, daß nichts vollkommen oder unsterblich ist, mit der einzigen Ausnahme Gottes. Wenn nun das, was unsterblich ist, nicht von seiner Fähigkeit Gebrauch machen würde, das, was sterblich ist, sterben zu lassen, so würde es nicht Gerechtigkeit walten lassen zum Zeichen seiner Vollkommenheit und Unsterblichkeit noch würde es die Sterblichkeit in die Tat umsetzen, was eine Beleidigung seiner Vollkommenheit und seiner Unsterblichkeit wäre; und das ist unmöglich. Durch diese Unmöglichkeit wird gezeigt, daß alles, was existiert, mit der Ausnahme Gottes notwendigerweise sterben wird."

ÜBER MACHT UND HOCHMUT

„Mit dem Zweck, den Hochmut zusammen mit dem Irrtum und dem Stolz derjenigen, die meinen, sie seien ewiger Natur, zugrunde zu richten, will Gott, natürlich zum Zeichen seiner ewigen Macht – einer Macht, die alles, was existiert, vernichten kann und die alles, was in der Schöpfung ist, aus dem Nicht-Sein hervorgebracht hat –, daß alle Dinge sterben. Und da, ohne daß alle Dinge stürben, die oben besprochene Blüte nicht aus so großen Gegensätzen zusammengesetzt wäre, und da der größte Gegensatz bestätigt werden kann, ist der oben erörterte Artikel beweisbar in seinem größten Gegensatz, der zwischen Macht und Hochmut in dieser Blüte ist."

ÜBER NÄCHSTENLIEBE UND GERECHTIGKEIT

„Nächstenliebe und Gerechtigkeit stehen in Einklang miteinander. Und da Nächstenliebe und Gottesfurcht in Einklang miteinander stehen, stehen Gottesfurcht und Gerechtigkeit in Einklang miteinander gegenüber Zorn, Fluch und Verzweiflung. Und da der Tod Gottesfurcht bedeutet, will Gott natürlich, daß alle Dinge sterben, damit der Mensch ihn fürchtet und liebt und vor einem nochmaligen Tod Angst hat. Nun, wenn alle Dinge sterben, wird der Gegensatz zwischen der oben besprochenen und der ihr entgegengesetzten Blüte noch deutlicher werden. Und da der größte Gegensatz zwischen Tugend und Laster mit dem Sein in Einklang steht und er durch den Tod aller Dinge tatsächlich mehr mit dem Sein in Einklang steht, wird hiermit ein klarer Beweis für die Existenz dieses Artikels geliefert; ohne diesen wäre Gott mit dem Nicht-Sein gegenüber dem Sein in Einklang zu bringen, und das ist unmöglich."
[…]

VOM ENDE DIESES BUCHES

Nachdem der Heide alle Darlegungen der drei Weisen angehört hatte, machte er sich daran, all das nachzuerzählen, was der Jude gesagt hatte, und dann all das, was der Christ gesagt hatte, und schließlich auch all das, was der Sarazene gesagt hatte. So hatten die drei Weisen ihre Freude daran, daß der Heide ihre Worte so gut verstanden und behalten hatte, und zusammen sagten sie zum Heiden, daß es ihnen sehr wohl bewußt sei, daß sie nicht zu einem Menschen ohne Herz und ohne Ohren gesprochen hätten.

Nachdem der Heide das oben Gesagte nacherzählt hatte, erhob er sich, und sein Verstand wurde vom Weg des Heils erleuchtet, und sein Herz fing an zu lieben und seine Augen mit Tränen zu erfüllen, und er betete zu Gott mit den folgenden Worten.

VOM GEBET

„O göttliches, unendliches, höchstes Gut, Quell aller Erfüllung und Vollkommenheit! Herr, ich verehre deine heilige Gutheit und erkenne darin dankbar das unsägliche Glück, zu dem ich gelangt bin. Mein Herr und Gott! Aus allen Kräften meiner Seele und meines Leibes liebe und verehre ich deine Liebe, die nicht irgendeine Liebe ist, sondern Liebe über aller Liebe, eine Liebe, die Gutheit ist, Größe, Macht und vollkommene Weisheit. Diese Liebe, deine Liebe, mein Herr, bete ich an und liebe ich. Meine Liebe und all mein Wollen, alle Fähigkeit meines Geistes und alles, was deine Liebe mir schenkte, ich gebe es dir, Herr, um dir alle Tage meines Lebens zu dienen und deine Liebe zu ehren und zu preisen.

Ach wahrer Glaube, der du so spät meinen Geist erleuchtest, wie habe ich doch meine Tage vergeudet und verschwendet! Lieblicher Glaube, sei willkommen in meiner Seele, die durch dich und in dir ganz licht ist, da du die Finsternis der Gedanken vertriebst, in der ich alle Tage meines Lebens verbrachte. Du hast aus meinem Herzen den Schmerz und Zorn verbannt, Verzweiflung, Angst und Qual. Dir danke ich, du Gott der Herrlichkeit, und bitte dich, durch deine Gnade in mir zu bleiben, solang ich lebe.

Hoffnung, meine Freundin, woher kommst du? Wo warst du? Weißt du um die lange Qual meiner Hoffnungslosigkeit? Nun verzweifle ich nicht mehr über mein bißchen Können, Wissen und Wollen, denn du rufst mir die Unendlichkeit des großen Gottes ins Gedächtnis, der alles vollbringt, der alle Gnaden schenken und alle Schuld vergeben kann."

Während der Heide diese Worte und noch vieles andere sagte, was zu lang zu erzählen wäre, bemühte sich seine Seele, der göttlichen Kraft zu gedenken, was seinem Inneren Stärke gab, das Wasser des Herzens aus den Augen rinnen zu lassen.

Nachdem der Heide lange hingebend und wohltuend geweint hatte, sprach er diese Worte: „O Gott der Stärke! Welch ein Unterschied ist zwischen den Tränen von einst und jetzt! Ich wünschte, ich könnte immer an diesem einsamen Ort bleiben, meine Seele in Liebe und meine Augen in Tränen. Aber ich muß nun wandern von Land zu Land, muß in meine Heimat zurückkehren, muß von der Vollkommenheit Gottes künden, dieses Gottes, von dem ich so viel Glück empfangen habe. Ich will es denen sagen, die ihn nicht kennen, ihm will ich alle Tage meines Lebens weihen. Mögest du mir helfen, Herr, daß mich weder Hunger noch Durst, weder Hitze noch Kälte, weder Armut noch Müdigkeit beeindrucken, daß nicht Krankheit, Leiden, die Erfahrung deiner Ferne, nicht der Verlust der Frau, der Söhne, Töchter, Freunde, zeitlicher Güter und der Heimat, auch nicht der Gedanke eines gewaltsamen Todes noch sonst irgend etwas mein Herz hindern können, deiner ehrend zu gedenken und die Herrlichkeit deines Namens zu preisen!"

Die drei Weisen waren tief verwundert über die Großherzigkeit dieses Gebets. Als sie die glühende Gottesverehrung des Heiden sahen, hatten sie Gewissensbisse und klagten sich der Sünden an, die noch in ihnen waren. Sie fühlten sich überaus schuldig, weil sie erkannten, daß der Heide in kurzer Zeit zu einer Frömmigkeit und einer Anbetung Gottes gelangt war, die ihre eigene, die sie Gott schon so lange kannten, weit übertraf.

ÜBER DEN ABSCHIED,
DEN DIE DREI WEISEN
VON DEM HEIDEN NAHMEN

Als der Heide sein Gebet beendet hatte, wusch er sich an der schönen Quelle die Hände und das Gesicht wegen der Tränen, die er vergossen hatte, und trocknete sich mit einem weißen Tuch, das er bei sich hatte, mit dem er die Augen abzuwischen pflegte, wenn er wegen der Traurigkeit, die ihn gewöhnlich umgab, weinen mußte. Dann setzte er sich neben die drei Weisen und sprach die folgenden Worte: „Durch Gottes Gnade und Segen ist es geschehen, daß ich euch, verehrte Herren, an diesem Ort, wo Gott es für gut geheißen hat, meiner zu gedenken und mich zu seinem Knecht zu machen, getroffen habe. Darum sei der Herr gepriesen, und gepriesen sei dieser Ort, und ihr seid

gepriesen, und gepriesen sei Gott, der euch den Willen einge-
flößt hat, euch an diesen Ort zu begeben! Und an diesem Ort,
wo mir so viel Glückseliges und Gutes zuteil geworden ist,
möchte ich in eurer Anwesenheit, verehrte Herren, die Religion
erwählen, die mir durch Gottes Gnade und durch die Worte, die
ihr an mich gerichtet habt, als wahr erwiesen wurde. Und dieser
Religion will ich angehören, und um sie zu verehren und um sie
zu verkünden, will ich mich für den Rest meines Lebens mü-
hen."

Als der Heide diese Worte gesprochen hatte und aufstand,
um wieder niederzuknien und die Religion, deren Anhänger er
sein wollte, auf den Knien zu bekunden, sah er in der Ferne
zwei Heiden durch den Wald kommen, die aus seinem Lande
waren, die sich in demselben Irrtum befanden, wie er sich vorher befunden hatte, und die ihm bekannt waren. Darum sagte er
zu den drei Weisen, daß er auf die zwei Heiden, die da kamen,
warten wolle, um in ihrer Anwesenheit seine Wahl zu treffen
und seine Religion kundzutun; die der Weg zur Wahrheit ist.
Die drei Weisen erhoben sich und nahmen auf sehr liebenswür-
dige und höfliche Weise Abschied von dem Heiden. Zahlreiche
Segenswünsche gaben sie dem Heiden mit auf den Weg und der
Heide ihnen; viele Umarmungen, Küsse und Seufzer begleite-
ten ihren Abschied und das Ende ihrer Unterhaltung. Doch bevor die drei Weisen weggingen, fragte der Heide sie voller
Erstaunen, warum sie denn nicht abwarten wollten, wie seine
Wahl der Religion ausfallen würde. Die drei Weisen antworte-
ten, sie wollten es nicht wissen, damit ein jeder von ihnen glauben könne, er habe seine Religion gewählt. „Und vor allem, weil
es nun für uns ein Thema ist, über das wir Streitgespräche führen werden, um kraft unserer Vernunft und unseres gesunden
Menschenverstandes herauszufinden, welcher Religion du den
Vorzug geben wirst. Wenn du nämlich hier vor uns die Religion,
die du vorziehst, bekunden würdest, hätten wir kein so gutes
Diskussionsthema und auch keinen so guten Anlaß für die
Wahrheitsfindung."

Nachdem sie diese Worte gesprochen hatten, kehrten die drei
Weisen in die Stadt zurück, aus der sie gekommen waren. Der

Heide aber, der die Blüten der fünf Bäume betrachtete und über das, was er beschlossen hatte, nachdachte, wartete auf die zwei Heiden, die auf ihn zukamen.

ÜBER DIE WORTE,
DIE DIE DREI WEISEN
AUF IHREM RÜCKWEG SPRACHEN

Einer der drei Weisen sagte: „Wenn der Heide, der sich so lange im Irrtum befunden hat, mit einer so großen Hingabe und einem so großen Eifer Gott lobpreist und wenn er sagt, daß er, um Gott zu lobpreisen, keine Mühe noch Mühsal scheuen würde, noch vor irgendeinem Tod zurückschreckte, so schlimm diese alle auch wären, wieviel mehr Grund haben dann wir, die wir Gott schon so lange kennen, seinen Namen mit Hingabe und Eifer zu lobpreisen, und dies um so mehr, weil Gott uns so reichlich mit Gütern und Ehren bedacht hat und uns weiterhin täglich damit beschenkt. Wir sollten die Streitfrage diskutieren, wer von uns recht hat und wer von uns sich im Irrtum befindet! Denn genauso wie wir einen Gott, einen Schöpfer, einen Herrn haben, sollten wir auch einen Glauben, eine Religion, eine Lehre haben und nur auf eine Art und Weise Gott lieben und ehren, und wir sollten einander lieben und helfen, und unter uns dürfte es keine Unterschiede und Gegensätze im Glauben und in den Sitten geben; denn wegen dieser Unterschiede und Gegensätze sind wir aufeinander neidisch, bekriegen und töten wir uns gegenseitig und befinden uns in gegenseitiger Gefangenschaft. Nun, dieser Krieg, dieser Tod und diese Knechtschaft hindern uns daran, Gott das Lob, die Ehrerbietung und die Ehre zu erweisen, die wir ihm an jedem Tage unseres Lebens von neuem schuldig sind."

Als der erste Weise diese Worte gesprochen hatte, ergriff der zweite das Wort und sagte, daß der Glaube, den die Menschen von ihren Eltern und Vorfahren übernommen haben, so tief in ihnen verwurzelt sei, daß es völlig unmöglich wäre, sie durch Predigt oder Disputation noch sonst irgend etwas Menschenmögliches von ihm abzubringen. Deswegen würden sie, wenn man sich mit ihnen auseinandersetzen will und ihnen den Irrtum zeigen möchte, in dem sie sich befinden, sofort alles, was man ihnen sagt, verächtlich abtun und sagen, daß sie in dem Glauben bleiben und sterben wollten, den sie von ihren Eltern und ihren Vorfahren übernommen haben.

Der dritte Weise antwortete ihm: „Es gehört zur Natur der Wahrheit, daß sie stärker in der Seele verwurzelt ist als die Falschheit, da Wahrheit und Sein in Einklang miteinander stehen, genauso wie Falschheit und Nicht-Sein. Deswegen müßte notwendigerweise, wenn die Falschheit sehr heftig und ununterbrochen von der Wahrheit und von vielen Menschen bekämpft würde, die Wahrheit über die Falschheit siegen, und dies um so mehr, insofern als die Falschheit keinerlei Hilfe, weder große noch kleine, von Gott erwarten kann, wohingegen der Wahrheit immer die göttliche Fähigkeit zu Hilfe kommt, der nicht erschaffenen Wahrheit, die die erschaffene Wahrheit schuf, um die Falschheit zugrunde zu richten. Da aber die Menschen zu sehr an den irdischen Gütern hängen und Gott und ihren Nächsten nicht gerade innig und mit viel Hingabe lieben, sind sie nicht darum besorgt, Falschheit und Irrtum zugrunde zu richten, sie fürchten sich vielmehr vor dem Sterben und davor, Krankheiten, Mühsal und Elend erdulden zu müssen, und sie wollen ihre Reichtümer, ihre Güter, ihre Ländereien und ihre Angehörigen nicht aufgeben, um diejenigen, die sich im Irrtum befinden, daraus zu befreien, um sie in die unendliche Herrlichkeit Gottes zu führen und ihnen so endlose Qualen zu ersparen. Insbesondere müßten sie dies tun, um so den Namen Gottes zu lobpreisen und seine Herrlichkeit kundzutun, da es Gottes Wille ist, daß sie unter allen Völkern verkündet wird, und jeden Tag wartet er von neuem darauf, daß er dort gepriesen wird, wo ihn so viele mißachten, geringschätzen und gar nichts von ihm wissen. Und Gott will, daß wir alles in unseren Kräften Stehende tun, um seinen glorreichen Namen hier unter uns zu lobpreisen. Denn wenn wir tun, was wir können, um Gott zu lobpreisen, wieviel mehr würde Gott erst tun, wenn sein Name gepriesen würde! Wenn er dies nämlich nicht tun würde, stünde er im Widerspruch zu sich selbst und zu seiner Ehre, was unmöglich ist und unvereinbar mit den Bedingungen der Bäume. Doch da wir nicht darauf vorbereitet sind, Gottes Attribute und Segen zu empfangen, seine tapferen Diener zu sein, die ihn lobpreisen und die keine Mühe und Qual scheuen, um seine Ehre zu lobpreisen, deswegen verleiht uns Gott nicht diese Attribute, die alle diejenigen brauchen, die durch Gottes Einwirken den Irrtum beseitigen würden, in dem die Menschen sich befinden, die auf dem Wege der Verdammnis sind, die sich jedoch auf dem des Heils glauben."

Während der dritte Weise diese und viele anderen Worte sprach, waren die drei auch schon an dem Ort angelangt, wo sie sich anfangs begegnet waren, an den Toren der Stadt. Hier nahmen sie herzlich und freundschaftlich voneinander Abschied. Jeder bat die anderen um Verzeihung für den Fall, daß er irgendein beleidigendes Wort gegen ihre Religion gesagt haben sollte, und jeder verzieh den anderen. Als sie nun gerade auseinandergehen wollten, sagte einer der drei Weisen: „Aus dem, was wir hier im Walde, aus dem wir kommen, erlebt haben, müßten wir irgendeinen Gewinn ziehen. Würdet ihr es für gut heißen, wenn wir uns um der fünf Bäume und der zehn durch ihre Blüten dargestellten Bedingungen willen jeden Tag einmal treffen, um Streitgespräche zu führen in der Art, wie sie uns die Dame der Intelligenz gelehrt hat, und wenn unser Streitgespräch sich so lange fortsetzen würde, bis wir alle drei uns zu einem einzigen Glauben und einer einzigen Religion bekennen, und bis wir uns darüber einigen können, wie wir einander am besten zu ehren und zu dienen haben, so daß wir zu einem Einverständnis gelangen könnten? Denn Krieg, Mühsal, Mißgunst, Unrecht und Schande hindern die Menschen daran, sich auf einen Glauben zu einigen."

Die beiden anderen Weisen hielten das, was der erste Weise gesagt hatte, für gut, und sie legten zusammen den Ort und den Zeitpunkt ihrer Streitgespräche fest sowie die Art und Weise, wie sie sich gegenseitig zu ehren und zu dienen hätten und wie zu disputieren sei; und sobald sie zu einem Einverständnis hinsichtlich ihres Glaubens kämen, daß sie dann durch die Welt ziehen würden, um den Namen Gottes, unseres Herrn, zu preisen und zu loben. Jeder der drei Weisen kehrte nach Hause zurück und hielt sich an das, was er versprochen hatte.

Hier endet das *Buch vom Heiden und den drei Weisen*. Gelobt sei Gott, mit dessen Hilfe es begonnen und zu Ende geführt werden konnte und dessen Obhut es anvertraut ist, zu dessen Ehre es erneut herausgegeben und übersetzt werden konnte. Dieses Buch stellt eine Lehre und eine Methode vor, getrübte Geister zu erleuchten und die schlafenden Großen aufzuwecken sowie Fremde und Freunde näher kennenzulernen, die sich Gedanken machen darüber, für welche Religion sich wohl der Heide entschieden haben mag, um Gottes Wohlgefallen zu erlangen.
Möge derjenige, der dieses Buch diktiert und geschrieben hat, sowie der, der es behalten und lesen wird, in Gottes Gunst stehen und von den Wegen ferngehalten werden, auf denen alle diejenigen ins Höllenfeuer geführt werden, die den Zorn Gottes auf sich gezogen haben!

AUSWAHLBIBLIOGRAPHIE
ZU RAMON LULL

TEXTAUSGABEN

I. Salzinger (Hrsg.), Beati Raymundi Lulli Opera (Bde. I–VI, IX–X; Mainz 1721–42).

Fr. Stegmüller, et al. (Hrsg.), Raimundi Lulli Opera latina (Bde. I–V, Palma de Mallorca 1959–65; Bde. VI–XIII, Turnhout 1978–85).

M. Obrador, et al. (Hrsg.), Obres de Ramon Lull (Bde. I–XXI; Palma de Mallorca 1906–50).

Ramon Lull, Obres essencials (2 Bde.; Barcelona 1957–60).

M. Batllori, et al. (Hrsg.), Ramon Llull: Obras literarias (Madrid 1948).

A. Bonner (Übers.), Selected Works of Ramon Llull (1232–1316) (2 Bde.; Princeton 1985).

A. Llinarès (Hrsg.), Raymond Lulle, Le Livre du gentil et des trois sages. Version française médiévale (Paris 1966).

BIOGRAPHIEN

E. A. Peers, Ramon Lull: a Biography (London 1929).

E.-W. Platzeck, Das Leben des seligen Raimund Lull (Düsseldorf 1964).

E.-W. Platzeck, Raimund Lull: sein Leben, seine Werke, die Grundlagen seines Denkens (2 Bde.; Düsseldorf 1962–64).

BEZIEHUNGEN ZU DEN
NICHTCHRISTLICHEN RELIGIONEN

E. Colomer, Die Beziehungen des Ramon Llull zum Judentum im Rahmen des spanischen Mittelalters, in: Judentum im Mittelalter (Miscellanea Mediaevalia 14; Berlin 1966) 183–227.

R. Sugranyes de Franch, Le „Livre du gentil et des trois sages" de Raymond Lulle, in: Juifs et judaïsme de Languedoc (Cahiers de Fanjeaux 12; Toulouse 1977) 319–335.

N. Daniel, Islam and the West (Edinburgh 1958).

I. Willi-Plein und Th. Willi, Glaubensdolch und Messiasbeweis. Die Begegnung von Judentum, Christentum und Islam im 13. Jahrhundert in Spanien (Neukirchen-Vluyn 1980).

J. Cohen, The Friars and the Jews (Ithaca, N.Y. 1982).

E. Smilévitch (Übers.), Naḥmanide. La dispute de Barcelone (Lagrasse 1984).

BIBLIOGRAPHIE

R. Brummer, Bibliographia lulliana: Ramon Lull-Schrifttum 1870–1973 (Hildesheim 1976).

74

IV

DER DIALOG
ALS AUFGABE DES VERLEGERS

Nachwort von Hermann Herder

Die Anregung zu diesem Büchlein ist die Frucht eines Gespräches, das ich im Herbst 1984 mit dem indisch-spanischen Religionsphilosophen Raimundo Panikkar hatte. Wir nahmen beide an einem Kolloquium der Stiftung „Oratio Dominica" in St. Märgen im Schwarzwald teil – es war deren zweites christlich-asiatisches Religionsgespräch[1] –, er als Vortragender, ich als Zuhörer.

Bei einem Spaziergang über die herbstlichen Wiesen ging unser Blick hinüber zum Kloster St. Peter, in dessen herrlicher Stiftsbibliothek lange Jahre eine wertvolle Handschrift von Raimundus Lullus aufbewahrt worden war, die sich seit der Säkularisation in Karlsruhe befindet[2].

Im Frühjahr 1985 setzten Panikkar und ich unser Gespräch fort, diesmal in Tavertet, oberhalb von Vic, der Heimat des Philosophen Jaime Balmes. Der Blick geht von dort weit übers Land, von den schneebedeckten Pyrenäen zum Meer und zum Montserrat, dem geheimnisvollen Berg und spirituellen Mittelpunkt jener Landschaft.

Und wiederum kreiste das Gespräch um die Gestalt des Ramon Lull, dessen Botschaft „nicht eingeholt" sei, wie Panikkar formulierte.

Immer hat mich die Geschichte dieses katalanischen Ritters und Sängers beeindruckt, der in seiner Jugend hoch zu Roß in die Kathedrale von Palma de Mallorca geritten sein soll. Als mich meine Lehr- und Wanderjahre für einige Zeit nach Barcelona führten, bin ich ihm begegnet: Ramon Lull – Freund von Königen und Prinzenerzieher, Gelehrter, Sänger, Missionar, Heiliger und Narr (wie er sich selbst bezeichnete), der die katalanische Sprache zu erster Hochblüte führte und darum von den

Katalanen als ihr Begründer angesehen wird – vergleichbar mit Dante Alighieri, der die „Lingua Toscana" zur Nationalsprache Italiens erhob.

Wenn diese Veröffentlichung Texte dieses außergewöhnlichen Mannes enthält, so um jenes Teils seiner Botschaft willen, von dem Raimundo Panikkar sagt, daß er „noch nicht eingeholt" sei. Ich bin davon überzeugt, daß Ramon Lull bei aller Verschiedenheit des geschichtlichen Umfeldes und des geistigen Horizonts, über den Abstand der Zeiten hinweg gerade uns heute etwas zu sagen hat, was *so* kein anderer ausgesprochen und vorgelebt hat: die große Schau von der möglichen Einheit der Welt und von dem liebevollen Zusammensein der Religionen.

Diese Einheit der Welt, von kühnen Visionären vorausgeschaut, ist vor unseren Augen dabei, Wirklichkeit zu werden; Wissenschaft und Technik machen sie möglich, wenn auch um einen hohen Preis, dessen wir uns mehr und mehr bewußt werden. Und dennoch – es gibt keinen Zweifel: Die Völker sind unaufhaltsam auf dem Weg zur großen Menschheitsfamilie. Was dabei not tut, ist: auf diesem Weg miteinander ins Gespräch zu kommen, in jenes „große Weltgespräch", das der Dichter Hölderlin prophetisch vorausgesagt hat, als er schrieb:

„Viel hat erfahren der Mensch. Der Himmlischen viele genannt,
Seit ein Gespräch wir sind
Und hören können voneinander."

Zu meinen Kindheitserinnerungen gehört die Ankunft eines japanischen Gelehrten, des Professors Kobayashi aus Tokyo, in Freiburg; einer Anregung des weitblickenden Papstes Pius XI. folgend, hat der Verlag Herder in der Mitte der dreißiger Jahre mit ihm zusammen die redaktionellen Voraussetzungen geschaffen für eine fünfbändige Enzyklopädie in japanischer Sprache; sie ist später in einem japanischen Verlag in Tokyo erschienen.

Im nachhinein weiß ich von den Grenzen jenes enzyklopädischen Unternehmens, dem – wie könnte es anders gewesen sein zu jener Zeit – ja noch ein eurozentrisches Weltbild zugrunde lag. Es war eher eine christlich-abendländische Selbstdarstellung für asiatische Leser, entstanden in einer „vor-dialogischen" Zeit – und dennoch: auf seine Weise eine imponierende verlegerische Leistung![3]

Inzwischen haben wir erkannt, daß der Dialog heute anders aussehen muß. Ihm vorauszugehen hat die freimütige Anerkennung der bestehenden und bleibenden *Pluralität der Religionen*. Den Christen fällt in diesem Dialog eine besondere Rolle zu: Kündet doch die biblische Botschaft, die Grundlage unseres Selbstverständnisses ist, Gott als den Schöpfer der Welt und als den Herrn der Geschichte. Darum sind alle Menschen auf dieser Erde Kinder Gottes und alle Völker Glieder einer großen Gemeinschaft.

Das ist mir nie deutlicher geworden, als in der Aula der Peterskirche zu Rom, da ich im Oktober 1963 an einer der Generalkongregationen des Konzils teilnehmen konnte – ein seltenes und starkes Erlebnis. Da saßen die Konzilsväter, zusammengekommen aus aller Welt, verschiedenster Hautfarbe, Sprache und Nation, einträchtig vereint, eine farbenfrohe Repräsentation der Menschheit, zusammengeführt unter der gewaltigen Kuppel Michelangelos zu einem geistigen Kreisrund, den *Orbis Catholicus* auf lebendigste Weise darstellend.

Zu den Dokumenten jener Kirchenversammlung gehört die Erklärung über das Verhältnis der Kirche zu den nichtchristlichen Religionen, deren eröffnende Worte von jenem großen Atem geprägt sind, der denjenigen kennzeichnet, der den ganzen Erdball in den Blick nimmt:

„Nostra aetate", so beginnt die Deklaration in der alten Weltsprache Latein – „In unserer Zeit, da sich die Menschheit von Tag zu Tag enger zusammenschließt und die Beziehungen unter den verschiedenen Völkern sich mehren, erwägt die Kirche mit um so größerer Aufmerksamkeit, in welchem Verhältnis sie zu den nichtchristlichen Religionen steht. Gemäß ihrer Aufgabe, Einheit und Liebe unter den Menschen und damit auch unter den Völkern zu fördern, faßt sie vor allem das ins Auge, was den

Menschen gemeinsam ist und sie zur Gemeinschaft untereinander führt. Alle Völker sind ja eine einzige Gemeinschaft, sie haben denselben Ursprung, da Gott das ganze Menschengeschlecht auf dem gesamten Erdkreis wohnen ließ; auch haben sie Gott als ein und dasselbe letzte Ziel ...“ [4]

Es war das erste Mal in der Geschichte, daß „sich ein Konzil in Ehrfurcht vor dem Wahren und Heiligen anderer Religionen beugt“ [5]. Die Päpste sind seither nicht müde geworden, darauf hinzuweisen, daß sich Gottes Heilsbeschlüsse auf *alle* Menschen beziehen und daß *alle* Völker „in seinem Lichte wandeln“. Darum mahnt die Kirche ihre Kinder, das Gespräch „mit den Bekennern anderer Religionen in Klugheit und Liebe“ [6] zu führen. Gleiches Wissen und gleichartige Gesinnung stehen auch hinter den Initiativen des Weltrates der Kirchen.

Ein so in aller Freiheit anhebender Dialog mit den Weltreligionen, geprägt vom gegenseitigen Respekt für den jeweils anderen, wird – davon bin ich überzeugt – richtungweisende Kraft entfalten und ungeahnte Chancen eröffnen können – nicht zuletzt für das Christentum selbst; denn nun erst recht wird die Universalität der biblischen Heilsbotschaft in aller ihrer Realität neu erkennbar: wie mächtige Bogenpfeiler dieser Vision von der Einheit der Menschen sind das erste Buch der Bibel und ihr letztes Buch mit der gewaltigen Schau vom Uranfang des Menschengeschlechts und vom Ende des großen Menschheitsweges, der vor den „Thron des Lammes“ führt, wo die Menschheit „sein Volk sein wird“ (Offb 21, 3).

Unter dem Eindruck des Konzils und seiner Erklärung hat Theophil Herder-Dorneich im Rahmen der von ihm begründeten Stiftung „Oratio Dominica“ eine weittragende und fruchtbare Initiative ergriffen, das „Weltgespräch der Religionen“ [7]. Die Veröffentlichungen dieser von Walter Strolz wissenschaftlich geleiteten Gespräche, liegen in deutscher und teilweise in englischer Sprache, verlegt von Herder, vor. Aus ihnen wird die ganze Weite dieses bedeutsamen Bemühens sichtbar, vor allem um den jüdisch-christlichen und den christlich-islamischen Dialog, diese „große Ökumene der monotheistischen Religionen“, wie sie Bischof Klaus Hemmerle benannte anläßlich seiner Bischofsweihe im Kaiserdom zu Aachen – wo 1100 Jahre zuvor Karl der Große die Delegation Harun al-Raschids empfangen hatte!

Wie von selbst mündet das Unternehmen „Weltgespräch" seit einigen Jahren in die Begegnung des Christentums mit Hinduismus und Buddhismus ein; es sind Schritte, die Offenheit, Wagemut und sorgfältige Vorbereitung voraussetzen und die „in Klugheit und Liebe" getan werden müssen. Daß diese Schritte über das bedenkende und austauschende Gespräch hinaus in gemeinsames Beten führen können, das zeigen die Stunden der Meditation und die Gottesdienste (im weitesten Sinne des Begriffs), die Abschluß und Höhepunkte einiger Kolloquien waren und in der Vaterunser-Kapelle im Ibental einen würdigen Ort und Rahmen fanden[8].

Für diejenigen, die ihre Arbeit im Dienste solcher Menschheitsgespräche verstehen, ist das Werk, das Ramon Lull unter dem Titel *Libre del gentil e dels tres savis* verfaßt hat, ein ganz besonders bedeutsames und auf seine Weise einmaliges Dokument. Es gibt wohl selten Texte in der Literatur, die so von der Gesinnung des Aufeinanderzugehens geprägt sind wie dieser. Unter dem Gesichtspunkt unserer Überlegungen messe ich ihm besondere Bedeutung bei. Auszüge daraus bilden darum den Mittelpunkt dieser kleinen Schrift.

Kaum eine andere Zeit hat so viele Begegnungen zwischen Menschen verschiedenen Glaubens mit sich gebracht wie die Zeit der Kreuzzüge, an deren Ende Lull lebte. Die meisten dieser Begegnungen verliefen im gegenseitigen Unverständnis und waren überschattet von den blutigen Auseinandersetzungen ihrer Zeit. Wolfram von Eschenbach schildert in seiner Dichtung „Willehalm" ein Streitgespräch, das König Terramer „aus Arabi" mit seiner zum christlichen Glauben übergetretenen Tochter in einer Kampfpause über die Dreifaltigkeit führt – wohl das berühmteste Religionsgespräch in der deutschen mittelalterlichen Literatur[9].

Und doch gab es immer auch lichtvolle Begegnungen. Das geniale Buch von Raimundus Lullus geht sehr wahrscheinlich auf ein Religionsgespräch zurück (siehe dazu S. 27), das für das

Jahr 1263 in Barcelona und unter dem Vorsitz von Raimund von Penyafort nachgewiesen ist[10].

Es mag offenbleiben, inwieweit es sich bei diesen Gesprächen um einen Dialog in unserem heutigen Sinn gehandelt hat. Ramon Lull selbst hat wiederholt in seiner Autobiographie durchaus auch missionarisches Bestreben erkennen lassen und nennt sich selbst einmal Prokurator der Ungläubigen[11].

Die Beschreibung des schwierigen Verhältnisses von Dialog einerseits und Mission andererseits bleibt uns als wichtige Aufgabe; denn der Auftrag, hinzugehen und allen Menschen die Frohbotschaft zu künden (Mt 28, 19), ist ja nicht aufgehoben. Er wird in dieser veränderten geschichtlichen Situation neu zu interpretieren sein.

1299 ließ Ramon Lull sich von seinem König durch besondere Order die Erlaubnis erteilen, „an den Sabbaten und Sonntagen den Juden in den Synagogen und an den Freitagen und Sonntagen den Sarazenen in den Moscheen zu predigen und genannten Juden und Sarazenen die Wahrheit des katholischen Glaubens auseinanderzusetzen …"[12]

Das Dokument fährt fort, daß jene, wenn sie wollen, „bei passender Gelegenheit auf seine Predigt und seine Darlegung Antwort geben können. Sie sollen indes nicht gezwungen werden zu antworten, falls sie es nicht wollen." Hier soll es offenbar nach der Intention von Ramon Lull und seinem König keine *eigene Überlegenheit* und keine *fremde Unterlegenheit* geben. Im Blick auf unsere moderne plurale Gesellschaft wird heute jeder Gesprächspartner von der Gleichwertigkeit der Beteiligten ausgehen und auch dem anderen einen Reichtum an Erfahrungen zubilligen.

Darum ist eine falsche Selbstsicherheit von vornherein in Frage zu stellen und der Blick zu öffnen für die Weisheit des jeweils anderen. Das gilt auch für die Begegnung des Christentums mit den afrikanischen und asiatischen Kulturen, insbesondere im Hinblick auf die Fragen der Inkulturation des Christentums, die von Grund auf neu zu überdenken sind[13].

In diesem Zusammenhang erinnere ich mich an das „Engelkonzert" des Isenheimer Altars, in dem Grünewald Engel

malte, deren afrikanische, asiatische und indianische Gesichts-
züge auffallen. Alfons Rosenberg deutete sie als Vertreter der
Weltreligionen, anbetend im Umkreis der göttlichen Weisheit,
jener weiblichen Lichtgestalt, deren Aura dieselbe ist wie die
des Auferstandenen. Diese Deutung des „Engelkonzerts" wiederum erinnert mich an ein musikalisches Bild, das Jakob J. Petuchowski, weltweit der erste Lehrstuhlinhaber für christlich-jü-
dische Studien an einem jüdischen Rabbinerseminar, einmal im
Blick auf die verschiedenen Glaubenslehren und religiösen For-
men gebraucht hat: „Gott ... hat ... uns nicht dazu angehalten,
irgendein Instrument des ihm ein ‚Halleluja' spielenden Sym-
phonie-Orchesters der Weltreligionen auszuschalten oder zwei
verschiedene Instrumente identische Töne hervorbringen zu
lassen. Dennoch aber wäre es wünschenswert, daß sich die In-
strumentalisten bewußt werden, daß sie, trotz aller Verschiedenheit der Töne, immerhin im selben Orchester die gleiche
Symphonie spielen."[14] Hieraus spricht kein Relativismus, auch
nicht bloß ein „symphonisches" Wahrheitsverständnis. Aus diesem theologisch gebrauchten Bild spricht *auch* ein nicht ratio-
nalistisch verengtes Verständnis von Theo-logie: Reden *von*
Gott ist immer auch Rede *vor* Gott, zu seiner Ehre. Es ist immer
auch Nähe zum Geheimnis in Kontemplation und Praxis, in
Mystik und Anbetung. Diese Bescheidung des eigenen Blicks
angesichts des Geheimnisses Gottes vermag verstärkt den Blick
zu öffnen für die Reichtümer der Weisheit der jeweils anderen[15].

Ramon Lull selbst hat noch auf einen anderen wichtigen
Aspekt aufmerksam gemacht: Für das „Weltgespräch der Religionen" kommt der Beherrschung fremder Sprachen eine ganz
außerordentliche Bedeutung zu. Sich in den anderen hineinzu-
denken und dessen Worte wohl abzuwägen kann kein Dolmet-
scher abnehmen. Dieses Anliegen hat Ramon Lull mit ungeheu-
rem Eifer und mit bewunderungswürdiger Konsequenz vertreten. Nach seiner Konversion zum geistlichen Leben lernte er (so
berichtet er in seiner Autobiographie) „selbst ein wenig die lateinische Grammatik; auch kaufte er sich einen Sarazenen, mit
dem er die arabische Sprache erlernte"[16]. Um 1275 setzte er

beim König von Mallorca die Gründung eines Klosters an der Steilküste im Nordwesten der Insel durch, hoch über dem Meer gelegen, wo 13 Minderbrüder aus dem Orden des heiligen Franziskus in der arabischen Sprache unterwiesen werden sollten: Damit derartige Klöster „zur Erlernung von verschiedenen Sprachen über die Welt hin neu eingerichtet würden"[17], wandte er sich wiederholt an die römische Kurie, ja an die Päpste selbst. Daß er von fünf Päpsten (Honorius IV., Nikolaus IV., Cölestin V., Bonifaz VIII. und Clemens V.) zum Teil mehrfach empfangen und angehört wurde, ist wohl ein Beweis für seine eindrucksvolle Persönlichkeit und die Überzeugungskraft seiner Worte. 1312, auf dem Konzil von Vienne, an dem er selbst als Beobachter teilnahm, wurde sein heißersehnter Wunsch erfüllt: In Rom, Paris, Oxford, Bologna und Salamanca sollten entsprechende Lehrstühle eingerichtet werden; an jedem dieser Orte sollten Männer lehren, „die genügend Kenntnisse in der hebräischen, griechischen, arabischen und chaldäischen Sprache besitzen"[18] – ein Konzilsbeschluß, der im Leben von Ramon Lull einen Höhepunkt darstellt.

Zwei Jahre später trat der Unermüdliche – im 84. Lebensjahr stehend – die letzte seiner unzähligen Reisen an, Reisen, die ihn kreuz und quer durchs Mittelmeer geführt hatten, nach Frankreich, Italien, Sizilien, Nordafrika, Zypern, ja bis ins ferne Armenien. Aus Tunis kam noch einmal eine Mitteilung, daß er „mit den Sarazenen disputiere", dann verstummten die Nachrichten.

Nach seinem Tode begann eine ungewöhnlich weite Verbreitung seiner Werke. Die größte zusammenhängende Sammlung von Handschriften Lulls befindet sich auf deutschem Boden: in der Bibliothek in Bernkastel-Kues an der Mosel. Ihr Sammler war kein geringerer als der Kardinal Nikolaus von Kues.

Wie immer man auch Ramon Lull einschätzen mag, durch Wollen, Verkünden und Handeln dieses Mannes leuchtet unübersehbar eine großartige Vision auf. Er hat zu einem erstaunlich frühen Zeitpunkt der Geschichte den Weg in eine Richtung gewiesen, die endgültig einzuschlagen unsere Aufgabe für die Zukunft sein wird.

Entsprechend unserer Zeit und ihren Anforderungen wird diese Aufgabe freilich neu und weiter zu fassen sein. Ramon Lull hat sich seinerzeit aus naheliegenden Gründen stark auf den Islam konzentriert und konnte die Sonderstellung des Judentums noch nicht erkennen. Es war Papst Johannes XXIII., der am Vorabend des Konzils jüdische Besucher mit dem Ausruf: „Ich bin Joseph, euer Bruder", begrüßte, „tief bewegt, den flüchtigen Augenblick festzuhalten und für die Zukunft fruchtbar zu machen" suchend[19]. Das Zweite Vatikanum hat dann „des Bandes, wodurch das Volk des Neuen Bundes mit dem Stamm Abrahams geistlich verbunden ist"[20], ausdrücklich gedacht. Seither hat sich die Kirche die paulinische Schau des Mysteriums Israel zu eigen gemacht: Das Paulus-Wort vom Ölbaum und seiner Wurzel (Röm 11, 17–24) weist auf diese engste Beziehung zwischen den beiden Religionen hin. Sie wird für das Christentum angesichts des apokalyptischen Welthorizonts unserer Zeit von Bedeutung sein können: *Messianische Hoffnungskraft* ist Christentum und Judentum gemeinsam.

Die Zeit des Katalanen Lull war die Zeit größter politischer Ausdehnung seines Landes. Das kam seinen vielen Reiseunternehmungen entgegen. Noch heute erinnert ein katalanisches Sprichwort daran, daß damals „die Fische im Mittelmeer die katalanischen Farben getragen" hätten: Die Grafen von Barcelona traten durch Heirat das Erbe der Hohenstaufen in Sizilien an; katalanische Söldner zogen unter dem legendären Roger de Flor[21] nach Byzanz, ja bis tief nach Kleinasien hinein; Athen und Teile Griechenlands waren durch Jahrhunderte hindurch der Krone Aragóns gegenüber lehenspflichtig. Noch grenzten indes die Küsten des Mittelmeers den Blick ein. Die großen Seefahrten und Entdeckungen sollten späteren Generationen vorbehalten bleiben. „So schnell wie Engel"[22] sollten zweihundert Jahre später spanische und portugiesische Karavellen – Kreuz *und* Schwert an Bord mit sich führend – über die Meere fahren und zu unbekannten Kontinenten vorstoßen.

Es ist, als habe sich die Kompaßnadel seither gedreht: „Die Karavellen kehren zurück" (Balducci). „Die ‚Dritte Welt' hat schon damit begonnen, Europa all das zurückzuerstatten, was es von ihm bekommen hat, wie es Pius XII. vorausgesehen hatte."[23] Fernöstliches, schwarzafrikanisches, indianisches Geistesgut betritt – wenn auch in unterschiedlicher Art und Wirkung – heute unseren Kontinent. Wir stehen vor dem Gespräch mit den fernöstlichen Menschen; da Zen-Buddhismus und Taoismus keine Religionen im überlieferten christlichen Verständnis sind, gilt es, den Mut aufzubringen zu einem erweiterten Religionsbegriff. Seit Jahrtausenden sind Menschen auf ihrem Wege religiöser Grunderfahrung und Weltdeutung dahingeschritten. Diese Wege verlaufen außerhalb der geschichtlichen Offenbarungsreligionen.

Wir stehen am Ende des zweiten Jahrtausends, und die jüngeren von uns werden den Eintritt der Menschheit in das dritte Jahrtausend erleben. Es wird, dessen bin ich sicher, ganz besonders von dem Bemühen um das Werden der Einen Welt geprägt sein.

Auf dem Wege dahin sind vor allem die *Glaubenden* unter den Menschen aufgerufen. Darum hat sich in Zukunft ein jeder von uns nach seiner ureigenen Aufgabe zu befragen. Das gilt auf ganz besondere Weise auch vom Verleger: Von seiner Sendung her stellen sich ihm in dieser geschichtlichen Stunde besondere und unverwechselbare Aufgaben.

Diese Aufgabe könnte einen besonderen Akzent darin haben, solche Initiativen verlegerisch zu fördern, die „das Wahre und Heilige anderer Religionen" als Schatz für die eine Menschheit aufschließen. Solche Publikationen sollten die geistige Voraussetzung dafür sein, daß die „Quellen der Weisheit" lebendig und zugänglich bleiben, die den Weg zu jenem Geheimnis der Wirklichkeit eröffnen, das der rationalen Wissenschaft verborgen und dem Zugriff des „Machbaren" entzogen ist. Die verlegerische Aufgabe könnte ferner darin bestehen, angesichts der ernsten Fragen und der wesentlichen Probleme einer immer mehr säkularisierten Welt mit dem suchenden „Heiden" von heute das Gespräch zu suchen und in diesem Dialog von der Hoffnung der Glaubenden Zeugnis zu geben und Rechenschaft abzulegen (vgl. 1 Petr 3, 15). Sie könnte schließlich bedeuten, in Zukunft bewußt religiöse Erfahrungen und Haltungen auch in jenen Traditionen ins Auge zu fassen, die außerhalb des Christentums und der monotheistischen Überlieferungen stehen, ohne Angst, aber auch ohne Bekehrungsabsicht: in einem dialogischen Geist, der allein zum Verständnis führt. Die „zerbrechliche Brücke" zwischen den Völkern, von der Richard von Weizsäcker bei seinem Besuch in Israel im Oktober 1985 im Hinblick auf die Beziehungen zwischen Juden und Deutschen sprach, könnte auf den Pfeilern eines solchermaßen vorurteilsfreien Gesprächs eine größere Tragfähigkeit erhalten.

Angesichts der Fülle dieser Aufgaben kann dem Verleger vielleicht die Gestalt des Ramon Lull ermunternd begegnen; viele seiner Eigenschaften werden auch heute benötigt: Um *Mittler ökumenischen Geistes* zu werden, wird Intuition verlangt, Einfühlungsgabe in andere, weiter Horizont, unermüdliches Verfolgen gesetzter Ziele, Tapferkeit des Unbeirrbaren, Beherrschung von „unter den Ungläubigen üblichen Sprachen", richtungweisende Kraft!

Vielleicht wird der Verleger auch etwas von der gelassenen Unabhängigkeit des „gentil" haben müssen, um in seinem Wirkungsraum das Gespräch „der Weisen" – und das sind seine Autoren – zustande zu bringen. Mag bei der Deutung dieser Aufgabe die Erinnerung an das Wort vom „Gentiluomo" anklingen. Ramon Lull hat uns durch das, was er vor siebenhundert Jahren sagte, schrieb und lebte, Wegzeichen gesetzt. Sie wieder in Erinnerung zu bringen ist die Absicht dieser Schrift.

ANMERKUNGEN

[1] Die Vorträge dieses Religionsgespräches sind veröffentlicht in: Raimundo Panikkar und Walter Strolz (Hrsg.): Die Verantwortung des Menschen für eine bewohnbare Welt im Christentum, Hinduismus und Buddhismus (Veröffentlichungen der Stiftung „Oratio Dominica", Schriftenreihe zur Großen Ökumene, Band 12), Verlag Herder, Freiburg – Basel – Wien 1985.
[2] Die Handschrift kam durch Kauf 1736 nach St. Peter. Am 30. Januar 1806 wurden die Breisgau-Klöster durch Dekret für aufgehoben erklärt. 1807 transportierte man das „Breviculum" nach Karlsruhe, in die damalige Hofbibliothek des Großherzogs. Heute wird es unter der Signatur „St. Peter perg 92" in der Badischen Landesbibliothek Karlsruhe geführt.
[3] Im Anschluß daran wurden im Verlag Herder die Arbeiten an einem ähnli-

chen, diesmal chinesischen, Lexikon in Angriff genommen. Dabei hat ein chinesischer Gelehrter, Professor Dr. Paul Hsiao, damals Professor an der Fu-Jen-Universität in Peking, mitgewirkt. Eine Veröffentlichung in China wurde infolge des dortigen Bürgerkrieges unmöglich gemacht.

Die redaktionellen Arbeiten an entsprechenden Enzyklopädien in Arabisch und Hindi – folgend der Anregung von Pius XI. – konnten durch den Ausbruch des Zweiten Weltkrieges und die Zerstörung des Verlagsgebäudes am 27. November 1944 nicht mehr in Angriff genommen werden.

[4] Der ganze Text der Deklaration findet sich in: Lexikon für Theologie und Kirche, Das Zweite Vatikanische Konzil, Dokumente und Kommentare Teil II, S. 405 ff.

[5] So Prälat Johannes Oesterreicher: ebd. S. 406.

[6] Beide Zitate sind der Deklaration entnommen.

[7] Das erste dieser „Weltgespräche" fand am 5./7. November 1965 im Verlagshaus Herder in Freiburg statt.

[8] Als Dokument des jüdisch-christlichen Gottesdienstes am 18. Oktober 1980 erschien als Veröffentlichung des Religionskundlichen Instituts der Stiftung Oratio Dominica in der Reihe „Rufe aus der Vaterunser-Kapelle. Brückenschläge": „Das gelbe Heft – Cherubstern".

[9] Das wohl bekannteste Werk der moderneren Literatur zum Thema, Lessings aufklärerische Parabel „Nathan der Weise", ist historisch in der Zeit der Kreuzzüge angesiedelt. Lessing proklamiert den Verzicht auf theoretische Argumentation zugunsten einer praktischen Humanität „mit Sanftmut, mit herzlicher Verträglichkeit, mit Wohltun, mit innigster Ergebenheit in Gott". Dramaturgisches Zeichen für die Einheit der Menschheitsfamilie ist für ihn die Entdeckung der Verwandtschaftsbeziehungen unter den Repräsentanten der Religionen.

[10] Über dieses und andere Religionsgespräche siehe auch Erika Lorenz: Ramon Llull, Die Kunst, sich in Gottt zu verlieben, Herderbücherei, Reihe „Texte zum Nachdenken", Freiburg 1985, S. 18 f.

Über die Missionsmethoden des großen Dominikanergenerals Raimund von Penyafort ist im übrigen auch eine (indirekte) Verbindung zwischen Thomas von Aquins „Summa contra gentiles" und Lulls „Libre del gentil" deutlich zu machen: Beide wollten wohl Penyaforts Missionsmethoden verwirklichen. Sie unterscheiden sich freilich in der Rolle, die sie der Vernunft zuweisen. Während Thomas etwa nur die Existenz Gottes beweisen will, die Trinität aber als der Vernunft nicht zugängliche Offenbarungswahrheit annahm, glaubte Lull alle Glaubensartikel, also auch die Trinität, *vernünftig* zugänglich machen zu können. Sein missionarisches Bestreben ist also nicht nur an die Wahrheitsfrage, sondern auch an den Glauben an eine gemeinsame Vernunft gebunden.

[11] Libre de demonstractions, IV Pròlec, zit. nach Erhard – W. Platzeck, Das Leben des Seligen Raimund Lull, Düsseldorf 1964, S. 14.

[12] Zitiert nach Platzeck, a.a.O., S. 111.

[13] Dieses wichtigen Themas nimmt sich die Reihe „Theologie der Dritten Welt" an, herausgegeben vom Missionswissenschaftlichen Institut Missio in Aachen, verlegt bei Herder.

[14] Vgl. Orientierung, 15. 9. 1981, S. 185.

[15] Wie Brücken zwischen den Zeiten und Religionen geschlagen werden können, zeigt meisterhaft Hugo Rahner in seinem Werk „Griechische Mythen in christlicher Deutung" (Sammlung „Überlieferung und Weisheit", Herder, Basel 1984). Zu diesem Werk hat Alfons Rosenberg die Einführung geschrieben.

[16] Zitiert nach Platzeck, a. a. O., S. 37.

[17] Zitiert nach Platzeck, a. a. O., S. 127.

[18] Zitat ebd. In einem ganz ähnlichen Sinne hat einer der engagiertesten Vertreter des vom Zweiten Vatikanum inspirierten Dialogs, der Erzbischof von Wien, Kardinal Franz König, die Bedeutung des Sprachenproblems für die Ökumene erkannt. Im Rahmen des von ihm begründeten Stiftungsfonds „Pro Oriente", der vom Platze Wien aus das Gespräch zwischen der katholischen Kirche und den altorientalischen und orthodoxen Kirchen fördert (und dessen englische Publikationen von Herder Wien verlegt werden), gab er am 8. November 1984 folgende Anregung:

„Bisher hat Pro Oriente seine Veröffentlichungen nur in westlichen Sprachen, das ist Deutsch, Englisch und Französisch veröffentlicht ... In Zukunft wird es sehr notwendig sein, Publikationen in griechischer, arabischer, rumänischer, aber vor allem in slawischen Sprachen folgen zu lassen, damit die Ergebnisse des Ökumenismus in der Arbeit von Pro Oriente auch bei Klerus und Kirchenvolk im Osten stärker bekannt werden.

Von großer Wichtigkeit scheint mir das Studium der Sprachen zu sein, die in orthodoxen Ländern gesprochen werden. Österreich war einmal das Land, in dem viele slawische Sprachen gesprochen wurden ..."

[19] Prälat Johannes Oesterreicher, an den Formulierungen der Erklärung entscheidend beteiligt, schreibt dazu: Indem der Papst, an die Geschichte von Joseph in Ägypten erinnernd (Gen 45, 4), seinen Taufnamen (er hieß Giuseppe Roncalli) statt seines Amtsnamens Johannes verwandte, machte klar, daß er „... die Ketten der jahrhundertealten Entzweiung zwischen Christen und Juden brechen wollte" (LThK, Das Zweite Vatikanische Konzil, Bd. II, S. 408).

[20] LThK, a. a. O., S. 491.

[21] Nach ihm, Sohn eines deutschen Falkners unter Kaiser Friedrich II. von Hohenstaufen, ist in Barcelona eine Straße benannt, in der die Editorial Herder ihr Domizil hat.

[22] „Nombre tenían de angeles
y volaron tan de prisa
que hicieron gracia y honor
a los nombres que tenían",
heißt es im Prolog des dramatischen Gedichts von José Maria Pemán „El Divino Impaciente" von den Karavellen des Vasco da Gama. Im Mittelpunkt dieses Werkes steht die Gestalt des Franz Xaver.

[23] Clodovis Boff in: Herder-Korrespondenz April 1985.

ZUM RELIGIONSGESPRÄCH
IM VERLAG HERDER
AUSWAHLBIBLIOGRAPHIE

G. Biemer, A. Biesinger, P. Fiedler (Hrsg.), Was Juden und Judentum für Christen bedeuten. Eine neue Verhältnisbesinnung. 1978. 140 Seiten.

J. Bloch, H. Gordon (Hrsg.), Martin Buber. Bilanz seines Denkens. 1983. 528 Seiten.

W. Breuning, H. Heinz (Hrsg.), Damit die Erde menschlich bleibt. Gemeinsame Verantwortung von Juden und Christen für die Zukunft. 1985. 191 Seiten.

M. Brocke, J. J. Petuchowski, W. Strolz (Hrsg.), Das Vaterunser. Gemeinsames im Beten von Juden und Christen. 2. Aufl. 1980. 286 Seiten.

E. Brunner-Traut (Hrsg.), Die fünf großen Weltreligionen. Hinduismus, Buddhismus, Islam, Judentum, Christentum. 12. Aufl. 1984. 140 Seiten.

W. Bühlmann, Wenn Gott zu allen Menschen geht. Für eine neue Erfahrung der Auserwählung. 1981. 292 Seiten.

Christlicher Glaube in moderner Gesellschaft, Hrsg. von F. Böckle, F.-X. Kaufmann, K. Rahner, B. Welte in Verbindung mit Robert Scherer, Band 26: *L. Kolakowski:* Toleranz und Absolutheitsansprüche; *B. Welte:* Christentum und Religionen der Welt; *J. Maier, J. J. Petuchowski, C. Thoma:* Judentum und Christentum. 2. Aufl. 1981. 175 Seiten.

Y. Eliach, Träume vom Überleben. Chassidische Geschichten aus dem 20. Jahrhundert. 1985. 208 Seiten.

Mircea Eliade, Geschichte der religiösen Ideen. Band 1: Von der Steinzeit bis zu den Mysterien von Eleusis. 5. Aufl. 1985. 432 Seiten;

Band 2: Von Gautama Buddha bis zu den Anfängen des Christentums. 3. Aufl. 1984. 464 Seiten;

Band 3/1: Von Mohammed bis zum Beginn der Neuzeit. 2. Aufl. 1985. 326 Seiten;

Band 3/2: In Vorbereitung; Quellentexte: Hrsg. von G. Lanczkowski. 1981. 465 Seiten.

A. Falaturi, W. Strolz (Hrsg.), Glauben an den einen Gott. Menschliche Gotteserfahrung im Christentum und im Islam. 1975. 248 Seiten.

A. Falaturi, J. J. Petuchowski, W. Strolz (Hrsg.), Drei Wege zu dem einen Gott. Glaubenserfahrung in den monotheistischen Religionen. 2. Aufl. 1980. 248 Seiten.

A. Falaturi, W. Strolz, S. Talmon (Hrsg.), Zukunftshoffnung und Heilserwartung in den monotheistischen Religionen. 1983. 189 Seiten.

P. Fiedler, U. Reck, K.-H. Minz (Hrsg.), Lernprozeß Christen Juden. Ein Lesebuch. 1984. 288 Seiten.

Heinz Gstrein, Islamische Sufi-Meditationen für Christen. 1977. 76 Seiten.

Heinz Gstrein, Alle meinen den einen Gott. Lesungen aus den heiligen Büchern der Weltreligionen in Konkordanz mit der Evangelien-Harmonie von Little Gidding. 1981. 392 Seiten.

W. Kern, H. J. Pottmeyer, M. Seckler (Hrsg.), Handbuch der Fundamentaltheologie, Band 1: Traktat Religion. 1985. 224 Seiten.

Hazrat Inayat Khan, Das Lied in allen Dingen. Sufi-Erzählungen und Gleichnisse vom Glück der Harmonie. 1985. 144 Seiten.

A. T. Khoury, Begegnung mit dem Islam. Eine Einführung. 2. Aufl. 1982. 128 Seiten.

A. T. Khoury (Hrsg.), Gottes ist der Orient – Gottes ist der Okzident. Lebensweisheit des Islam. 1983. 128 Seiten.

A. T. Khoury (Hrsg.), Mohammed für Christen. Eine Herausforderung. 1984. 192 Seiten.

A. T. Khoury (Hrsg.), Wer ist Gott? Die Antwort der Weltreligionen. 1983. 126 Seiten.

A. T. Khoury (Hrsg.), Friede – was ist das? Die Antwort der Weltreligionen. 1984. 125 Seiten.

A. T. Khoury, P. Hünermann (Hrsg.), Was ist Erlösung? Die Antwort der Weltreligionen. 1985. 155 Seiten.

A. T. Khoury, P. Hünermann (Hrsg.), Weiterleben – nach dem Tode? Die Antwort der Weltreligionen. 1985. 160 Seiten.

A. T.Khoury, G. Girschek, So machte Gott die Welt. Schöpfungsmythen der Völker. 1985. 192 Seiten.

Kard. Franz König (Hrsg.), Der Glaube der Menschen. 1985. 424 Seiten, 32 Farbbilder, 309 einfarb. Abb. und Tafeln.

J. Laube, Dialektik der absoluten Vermittlung. Hajime Tanabes Religionsphilosophie als Beitrag zum „Wettstreit der Liebe" zwischen Buddhismus und Christentum. 1983. 338 Seiten.

Ramon Llull, Die Kunst, sich in Gott zu verlieben. Ausgewählt, übertragen und erläutert von E. Lorenz. 1985. 126 Seiten.

E. Meier, Kleine Einführung in den Buddhismus. 1985. 158 Seiten.

Navè-Levinson, Du, unser Vater. Jüdische Gebete für Christen. 4. Aufl. 1984. 114 Seiten.

R. Panikkar, Kultmysterium in Hinduismus und Christentum. Ein Beitrag zur vergleichenden Religionstheorie. 1965. 232 Seiten. (Alber)

R. Panikkar, W. Strolz (Hrsg.), Die Verantwortung des Menschen für eine bewohnbare Welt im Christentum, Hinduismus und Buddhismus. 1985. 192 Seiten.

J. J. Petuchowski, W. Strolz (Hrsg.), Offenbarung im jüdischen und christlichen Glaubensverständnis. 1981. 263 Seiten.

J. J. Petuchowski, Der Gottesdienst des Herzens. Eine Auswahl aus dem Gebetsschatz des Judentums. 1981. 140 Seiten.

J. J. Petuchowski, Es lehrten unsere Meister. Rabbinische Geschichten aus den Quellen neu erzählt. 5. Aufl. 1981. 143 Seiten.

J. J. Petuchowski, Ferner lehrten unsere Meister. Rabbinische Geschichten aus den Quellen neu erzählt. 1980. 125 Seiten.

J. J. Petuchowski, Feiertage des Herrn. Die Welt der jüdischen Feste und Bräuche. 1984. 142 Seiten.

J. J. Petuchowski, Die Stimme vom Sinai. Ein rabbinisches Lesebuch zu den Zehn Geboten. 1981. 125 Seiten.

J. J. Petuchowski, H. Rombach, W. Strolz, Gott alles in allem. Religiöse Perspektiven künftigen Menschseins. 1985. 120 Seiten.

L. Prijs, Begegnung mit dem Judentum. Eine Einführung in seine Religion. 1985. 124 Seiten.

H. Rahner, Griechische Mythen in christlicher Deutung. Einführung von A. Rosenberg (Sammlung Überlieferung und Weisheit) Basel 1984. 396 Seiten.

S. Ramakrishna, Setze Gott keine Grenzen. Gespräche des indischen Heiligen mit seinen Schülern. 1984. 157 Seiten.

B. Schaeffler, Religionsphilosophie. 1983. 280 Seiten. (Alber)

A. Schimmel (Hrsg.), Denn Dein ist das Reich. Gebete aus dem Islam. 1978. 125 Seiten.

P. Schreiner, Begegnung mit dem Hinduismus. 1984. 127 Seiten.

H. Seebass, Der Gott der ganzen Bibel. Biblische Theologie zur Orientierung im Glauben. 1982. 256 Seiten.

I. Shah, Die Weisheit der Narren. Meistergeschichten der Sufi. 1983. 127 Seiten.

I. Shah, Die Hautprobe. Anleitung zum Sufi-Pfad. 1984. 143 Seiten.

W. Strolz (Hrsg.), Religiöse Grunderfahrungen, Quellen und Gestalten. 1977. 208 Seiten.

W. Strolz (Hrsg.), Kosmische Dimensionen religiöser Erfahrung. 1978. 249 Seiten, 2 Seiten Abbildungen.

W. Strolz (Hrsg.), Religiöse Bewußtseinsbildung. Leitfragen und Grundthemen. 1980. 200 Seiten.

W. Strolz, S. Ueda (Hrsg.), Offenbarung als Heilserfahrung im Christentum, Hinduismus und Buddhismus. 1982. 235 Seiten.

W. Strolz, H. Waldenfels (Hrsg.), Christliche Grundlagen des Dialogs mit den Weltreligionen. 1983. 192 Seiten.

W. Strolz (Hrsg.), Sein und Nichts in der abendländischen Mystik. 1984. 125 Seiten.

W. Strolz, Heilswege der Weltreligionen: Bd. 1: Christliche Begegnung mit Judentum und Islam. 1984. 191 Seiten. Bd. 2: Christliche Begegnung mit Hinduismus, Buddhismus und Taoismus. 1986.

H. Waldenfels, Absolutes Nichts. Zur Grundlegung des Dialogs zwischen Buddhismus und Christentum. 3. Aufl. 1980. 222 Seiten.

R. Walter (Hrsg.), Das Judentum lebt – ich bin ihm begegnet. Erfahrungen von Christen. 1985. 168 Seiten.

F. Weinreb, Buchstaben des Lebens. Nach jüdischer Überlieferung. 2. Aufl. 1980. 156 Seiten.

E. Wiesel, Geschichten gegen die Melancholie. Die Weisheit der chassidischen Meister. 1984. 143 Seiten.

E. Wiesel, Was die Tore des Himmels öffnet. Geschichten chassidischer Meister. 1981. 129 Seiten.

E. Wiesel, Von Gott gepackt. Prophetische Gestalten. 1983. 144 Seiten.

ENGLISCHE AUSGABEN

A. Falaturi, W. Strolz (Ed.), Three ways to the one God. The experience of faith in the monotheistic religions. (in preparation)

Jakob J. Petuchowski, M. Brocke (Ed.), The Lord's Prayer and Jewish Liturgy. Herder, London 1978. 224 Seiten.

A. Schimmel, A. Falaturi (Ed.), We believe in One God. The experience of God in Christianity and Islam. Herder, London 1979. 180 Seiten.

SPANISCHE AUSGABEN

F. Canals Vidal, Historia de la Filosofia Medieval. Herder, Barcelona, 2. Aufl. 1980. 340 Seiten.

F. Canals Vidal, Textos de los grandes filósofos de la Edad Media. Herder, Barcelona, 2. Aufl. 1977. 292 Seiten.

E. Colomer, De la Edad Media al Renacimiento (R. Llull, N. de Cusa, J. Pico della Mirándola). Herder, Barcelona 1975. 280 Seiten.

S. Garcías Palou, Ramón Llull en la historia del ecumenismo (en preparación).

S. Garcías Palou, Ramón Llull y el Islam. Autor. Germanías 26. Palma Mallorca 1981. 500 Seiten (en distribución).

Th. Ohm, Musulmanes y católicos. Herder, Barcelona 1965. 82 Seiten.

R. C. Zaehner, El Cristianismo y las grandes religiones de Asia. Herder, Barcelona 1967. 232 Seiten.

ZU DEN MITARBEITERN

Anthony Bonner, geb. 1928 in New York; 1950 Bakkalaureat an der Harvard University; 1950–54 Musikstudium in Paris. Seit 1954 Übersetzertätigkeit und Lull-Forschungen in Mallorca. 1972 Magister Escuela lulística, Palma de Mallorca. Veröffentlichungen: Songs of the Troubadours (New York 1972); Plants of the Balearic Islands (Palma de Mallorca 1982); Selected Works of Ramon Llull (2 Bde., Princeton 1985); Übersetzungen u. a. von Balzac, François Villon, Jules Verne. Lebt in Puigpunyent/Mallorca.

Charles Lohr, Dr. phil., Dr. theol. h. c., Professor für kath. Theologie, geb. 1925 in New York. Promotion 1967 an der Universität Freiburg., Habilitation 1972 ebd.; 1968–72 Professor an der Fordham University New York; seit 1976 Professor für Theologie in Freiburg i. Br.; 1972 Magister Escuela lulística, Palma de Mallorca; 1981 Ehrendoktor Fribourg (Schweiz). Buchveröffentlichungen: Medieval Latin Aristotle Commentaries (New York 1967–74); Renaissance Latin Aristotle Commentaries (New York 1975–82); Raimundi Lulli Opera latina XI (Turnhout 1983); Ramon Lull. Die neue Logik (Hamburg 1985). Lebt in Freiburg i. Br.

Raimundo Panikkar, geb. 1918 in Barcelona als Sohn eines Inders und einer Katalanin, Promotionen in Chemie, Philosophie und Theologie. Lebte und lehrte lange Jahre in Indien. Heute Professor für Religionsphilosophie und Religionstheologie an der University of California, Santa Barbara/USA. Zahlreiche Veröffentlichungen zu religionswissenschaftlichen Fragen. In deutscher Sprache u. a.: Die vielen Götter und der eine Herr (Weilheim 1963); Kultmysterium in Hinduismus und Christentum (Freiburg 1964); Religionen und die Religion (München 1965); Rückkehr zum Mythos (Frankfurt 1985); in englischer Sprache u. a.: The Vedic Experience (Berkeley 1977); The Trinity and Religious Experience of Man (London 1975); The unknown Christ of Hinduism (London 1981) u. a. m.; in Spanisch u. a.: El silencio del Dios (Madrid 1970).

Hermann Herder, geb. 1926 in Rom, Studien an den Universitäten Freiburg/Breisgau und Fribourg/Schweiz; Dr. jur. utr. (1952). Lehr- und Wanderjahre in Spanien und Südamerika, berufliche Ausbildung in München, Wien und Barcelona. Seit 1957 im Verlagshaus Herder in Freiburg tätig, 1963 Eintritt in dessen Geschäftsleitung. 1969–1975 Mitglied des Kuratoriums für den Friedenspreis des Deutschen Buchhandels; seit 1974 Mitglied des Kuratoriums des Stiftungsfonds „Pro Oriente" in Wien; seit 1978 Mitglied des Kuratoriums der Wissenschaftlichen Gesellschaft, Freiburg; seit 1980 Vorsitzender des Vorstands der Stiftung „Vetus Latina" (Beuron). Seit 1960 verheiratet mit Mechtild geb. Horten, 4 Kinder: Gwendolin, Raimund, Manuel, Silvia.

Cui curae fuerat de Lullo hunc edere librum,
  Omnibus ex animo gratiam habet sociis.
Extremam partem caris natalicius auctor
  Uxori et liberis sacrari voluit.
Omnia, quae mundo Raimundus ille Beatus
  Nuntia mandavit, millennii in limine tertii
Observanda putat lectoribus esse hodiernis
  Editor, qui librum protulit in medium.

Die XIX. mensis Ianuarii A. D. MCMLXXXVI